Mark Forsyth

读完本书你可能会变得更加话痨

THE
HOROLOGICON

A
Day's
Jaunt
through
the
Lost
Words
of
the
English
Language

〔英〕马克·福赛思 著

伍小玲 万紫薇

汪梦瑶 译

北京联合出版公司 · 后浪
Beijing United Publishing Co.,Ltd.

图书在版编目（CIP）数据

读完本书你可能会变得更加话痨 / (英) 马克·福赛思著；伍小玲，万紫薇，汪梦瑶译. — 北京：北京联合出版公司，2020.1（2021.8 重印）

ISBN 978-7-5596-3730-7

Ⅰ.①读… Ⅱ.①马… ②伍… ③万… ④汪… Ⅲ.①英语－词源学 Ⅳ.①H313.9

中国版本图书馆 CIP 数据核字（2019）第 212623 号

THE HOROLOGICON: A DAY'S JAUNT THROUGH THE LOST WORDS OF THE ENGLISH LANGUAGE BY MARK FORSYTH
Copyright: ©2012 TEXT BY MARK FORSYTH
This edition is arranged with Icon Books Ltd, c/o The Marsh Agency Ltd.
through BIG APPLE AGENCY, INC., LABUAN, MALAYSIA.

Simplified Chinese edition copyright © 2020 by Beijing United Publishing Co., Ltd.
All rights reserved.
本作品中文简体字版权由北京联合出版有限责任公司所有

北京市版权局著作权合同登记 图字：01-2019-7422

读完本书你可能会变得更加话痨

作　　者：[英] 马克·福赛思（Mark Forsyth）

译　　者：伍小玲　万紫薇　汪梦瑶

出版监制：刘　凯　马春华

选题策划：联合低音

责任编辑：唐乃馨　李　伟

封面设计：李　响

内文排版：黄　婷

关注联合低音

北京联合出版公司出版
（北京市西城区德外大街 83 号楼 9 层　100088）
北京联合天畅文化传播公司发行
北京华联印刷有限公司印刷　新华书店经销
字数 175 千字　889 毫米 × 1194 毫米　1/32　10.25 印张
2020 年 1 月第 1 版　2021 年 8 月第 3 次印刷
ISBN 978-7-5596-3730-7
定价：60.00 元

献给我的父母。

作者谨向简·西伯（Jane Seeber）与安德烈·科尔曼（Andrea Coleman）致谢，
感谢两位睿智的建议，合理的意见，以及罕见的耐心。

所以约伯开口说虚妄的话，多发无知识的言语。

——约伯记第35章，第16节

本书系于2009年开始的"墨水傻瓜"博客的纸质产物。虽然几乎全部是新材料，但其中一部分改编自博客里的文字。该博客地址为http:blog.inkyfool.com/，它是庞大的完整版www.inkyfool.com的一部分。

导　言

丁尼生[1]曾这样写道：

> 词语，就像自然，一半展露
> 而另一半掩藏内中的灵魂。

而本书完全是为了后面的另一半而作。那些词语美好得难以长存，有趣得难以严肃对待，准确得难以流于寻常，粗俗得难以在文明社会存活，诗意得难以在散文的时代繁荣。这样一撮美丽的词语就躲在《林肯郡的曼利与科林厄姆的乡邑曾使用过的词语》《性学描述性词典与地图册》（这本书里确实收录了地图）这样积

1　Alfred Tennyson（1809—1892），英国诗人，曾被封为桂冠诗人，主要诗作有《尤利西斯》，组诗《悼念》等。——译者

满灰尘的词典里。[1]当然，很多词语能在《牛津英语词典》中找到，但总在一些读者罕至的页码中。这是一批已经遗失的词语，它们中留存着已逝文明的重要秘密，对今天的我们可能仍然有用。

导致这些词语像原子碎片一样四散流失的原因有二。首先，正如我们所注意到的，这些词语往往躲藏在奇奇怪怪的地方。即使你能够坐下来从头到尾翻完两卷本的《英语里的废弃词与地方话词典》（就像我一样，出于某种原因），你还会遇到排序的问题，因为词典都是固执地按照字母排序的。

字母排序导致的问题是，词条之间完全没有联系。所以词语按照字母顺序排列后就被毫无意义地分开了。比如，《牛津英语词典》中的aardvarks（土豚、非洲食蚁兽）距离zoo（动物园）有十九卷之隔，yachts（快艇）距离beach（沙滩）有十八卷之远，wine（葡萄酒）离最近的corkscrew（开瓶器）也有十七卷之遥。所以没人会自言自语一句"我想知道有没有那么一个词"，然后开始翻词典。我知道有一个人最近刚把整本《牛津英语词典》读完了，但他花了一年的时间。假如你每次为找到一个最合适的词都这么尝试的话，当你从词典返回的时候，会发现交谈的话题已经变了。

1　这两部词典分别为 *A glossary of words used in the wapentakes of Manley and Corringham, Lincolnshire* 与 *Descriptive Dictionary and Atlas of Sexology*。——译者

据我所闻，世界正在快速发展。每个人都在以惊人的速度四处奔走，到处是远程会议、闪电约会。他们就像涣散的弹珠一样在会议与简餐之间来回弹跳，而读整本词典对于像您这样业务繁忙的人来说，完全不可行。时间就是金钱，金钱就是时间，而当今的人们好像两者都不太有。

因此，作为一份崇高的大众服务事业，我完成了一本时辰之书，也叫 *Horologicon*，努力通过提高词汇效率重振下滑的经济。中世纪到处都是时辰之书，大多为祷告之词。虔诚的神父随时可以甩出他的时辰祷告书，翻到合适的那一页，献上一段祷告致圣庞托费尔（St. Pantouffle）或者其他哪位恰好在那个时间封圣的圣徒。同样地，我对这本书的期望也是如此，希望它能够成为一本可以快速查阅的参考书。"这个词是什么意思？"你心想。然后你看看手表，把这本书从皮套里掏出来，翻到合适的那一页，找到 ante-jentacular、gongoozler、bingomort 或其他词。这是一本对一天之内的每个小时都适用的单词书。重要的是，就像我已经提到的那样，这是一本参考书。你绝不能企图把它从头到尾完整地读完。假如你真这么做的话，地狱对你来说也不再可怕。但作者和他的总公司对任何可能造成的自杀、枪支暴动或癫狂裸体不负有责任。

当然，试图写这样一本参考书存在着一个小小的问题，也就是，我必须要知道你在一天内的每个时刻都在做什么。这倒没有听起来那么难。我咨询了所有的朋友，他们中的两个人告诉了我大致相同的内容：起床、洗漱、吃早餐、去上班。至于在公司做了些什么他们也不十分清楚，但坚持说做的都是重要的事，涉及很多会议与电话，见了很多不爱上班的下属与任性的老板。然后他们逛商店，吃晚餐，多半还要再去喝上一杯。我正是基于此才斗胆尝试假定你的生活。

不过我故意忽略了一些事情。比如，没有小孩，因为他们太不可预测。我在论求爱的那一章里会提供一些解释。我还不太确定是否你已经结婚——有时候结了，但有时候还没——尽管我确定你自己肯定有更确定的判断。通篇我都擅自想象你有我一半的懒惰、狡诈、贪吃。得写知道的事嘛。假如你完全只有美德，你那洗得干干净净的头脑中从来没有过罪恶或过失，那我得向你道歉。这本书不适合你，我希望你还留着发票。

虽然这本书大部分是在大英图书馆写的，因为词典都在那儿，但大英图书馆实际上非常像一间办公室，除了不许人说话。那里有所有常见的平常之处——即，我左边的女士在过去的一小时里都在看脸书，偶尔安静地咯咯笑——那里还有所有常见的古怪之处——即，我右边的小伙子的桌子上放着各种后马克思主义历史学理论的巨著，但他实际上正在桌子底下读《夏普的复仇》[1]，还以为没人会发现。

我是说，我假定你在办公室工作，但我认为我可能是错的。虽然我已经穷尽我的所知，但我永远无法确定是否刚好让你失望。或许你根本就不在办公室。你可能会是一位外科大夫，或者一位飞行员，或者一位偷牛贼，或者一位刺客，在打斗的间隙稍事休息，在如同上绞刑架般难挨的一天开始前去查找遗失的珍宝与英语中的"一次性罕用词"（hapax legomena）。

你想做什么事都可以，任何事。你的生活或许总在可憎与奇怪的事情间翻腾。据我所知，你可以花一整天的时间把鳗鱼活生生地塞进马屁股。如果你真这么做的话，我必须要为这本书的编排道歉。我能给予的唯一安慰是，18世纪英语里就有表示把活鳗鱼挤进马屁股的词了，格罗斯上尉的《本地话词典》（*Dictionary of the Vulgar Tongue*）给出了定义：

> FEAGUE. 往马的直肠里塞东西；把姜涂在马的肛门上，而在过去，据说是将活的鳗鱼放进去，好让马更有活力，摆

1　即 *Sharpe's Revenge*，由伯纳德·康威尔（Bernard Cornwell）写的一本历史小说，1989年出版。——译者

好尾巴；据说有些马商的仆人没给马的直肠里塞东西就把马拉出来了，从而给马商造成了一些损失。"往马的直肠里塞东西"可以用来形象地鼓舞士气。

这个定义中可以总结三点。第一，绝对不能相信18世纪的马商，尤其如果你是一匹马或一条鳗鱼。

第二，英语语言已经准备好了应对一切。假如你想把一条康吉鳗放进母驴屁股来吓唬一位法国人，他很可能要一路唾沫横飞地说好几个句子的委婉表达。但是，如果问说英语的人为什么要用一个来自深海的生物去鸡奸一匹马，他们应该只会扬起眉梢，问一句："没看到我正在往马的直肠里塞东西（feaguing）吗？"

一词便显示整句之意，这种简洁地解释为什么你要把鳗鱼塞进马里的能力是每个英国男人和女人与生俱来的能力，而且我们必须要继续开拓这种能力。

第三，也是最后一点，你会发现这条定义不是出自《牛津英语词典》。虽然《牛津英语词典》是迄今为止人类发明出的最伟大最厚重的参考书，但它并不一定会涵盖英语语言的某些侧面。以"feaguing"为例，《牛津英语词典》确实引用了格罗斯的话，但只非常羞涩地提及了姜。还有一些从乡村方言和罪犯贼窝中获取的词语也是如此。只要是我能够找到的词典，我都会使用。从卡洛韦[1]的《颓废派词典：隐语》（*Hepsters Dictionary: Language of Jive*，1944）到那浩如烟海的古英语参考书。我或许应该把所有参考书列入一个名单，粘在书后，以防万一有人能读到那里。

如果我在一本词典里找到了一个词，不拘哪本词典，那它就值得收录。智慧又博学的教授们曾经发问，是什么成就了真正的词语。这事鄙人既不知道，也不关心。我把这样的问题留给我的长辈。当我在学园的神圣果园附近，而非果园里，吹起我词典式的卡祖笛，跳起滑稽的乡村舞，我必须要感到心满意足。

1　卡贝尔·卡洛韦（Cabell Calloway，1907—1994），美国爵士乐作曲家，乐队领队，歌手，以拟声唱法及艳丽的外表出名。——译者

Context 目录

第一章

早上六点：黎明

闹钟—想接着睡—装病

Alarm clocks—trying to get back to sleep—feigning illness

06:00 am

古英语中有一个单词可以表达"凌晨醒来，躺在床上忧心忡忡"。Uhtceare（凌晨焦虑）这个词即便按照古英语的标准——那可是很低的标准，也并不常用。实际上，目前仅发现一条它的使用记录。但是不管怎样，"凌晨焦虑"一词还是存于词典，一直清醒着等待天明。

Uht（发音为oot）指的是破晓前焦躁不安的时刻，那时欧若拉（Aurora）[1]还在东方地平线下某处游荡，扬起手指，准备新一天的来临。但目前，天仍未亮。在这黎明前的（antelucan）寂静中，你应该幸福地熟睡，同时做着美梦。

若不是如此，你要是正躺在床上，双眼大睁紧盯着天花板，那你很有可能正在经受一次严重的凌晨焦虑。

有句老话说，黎明前的时刻总是最黑暗的。但这完全是胡扯。如果你下床朝窗外看一眼，就会看见东方泛着些许微光。但不管怎样，千万别真下床。外面冷得很，一下床就再也不可能找回之前那种舒服的睡姿（严格的术语是decubitus）了。你只能躺那儿，别去想那将是多么可怕！

Ceare（发音为key-are-a）是古英语中表示担忧和悲伤的一个词，这些情绪有一种恼人的特点，总是在黎明前袭上心头。因

1　古罗马神话中的黎明女神。——译者

为某些原因，凌晨时分你总会想起那些犯下的罪孽、未缴的账单，或许还有昨晚做过的不雅之事，当它们一个一个溜进你脑海的时候，你的凌晨焦虑就会愈演愈烈。

虽然这种烦恼十分普遍，凌晨焦虑仍是一个极罕见的词，仅在一首名为《妻子的哀悼》（*The Wife's Lament*）的诗中有记载。奇怪的是，这首诗描写的并不是妻子抱怨糟糕的丈夫，而是由于丈夫流放他乡，给妻子留下了凌晨的焦虑和凶恶的公婆。古英语诗歌几乎都与苦痛相关，古英语诗人本该再乐观一些，但他们确实给我们创造了"凌晨焦虑"一词，而我们应该为此感激。

古英语时期的人们通过聆听僧侣的凌晨祷告来治疗凌晨焦虑。但很早以前就不再有僧侣了，除了失眠鸣禽的叽叽喳喳，或者清洁工人轻柔的响动，再没有什么声音可以让你转移注意力。

不过在你自我诊断患有凌晨焦虑症之前，还需确认一个前提。那就是你确定自己是醒着的吗？

我常常在天亮前醒来，想着要是那只大松鼠能够别再追着我绕着牙科手术室乱转，我就能够重新入睡。这种奇怪的半梦半醒的错觉可以用一个术语来形容——那就是hypnopompic（半醒的）。在希腊语中，hypno指"睡眠"，pompic指"送走"。

不过你也不必太热衷于oneirocritical。Oneirocritical的意思是"与解释梦境相关的"。如果梦有意义的话，很有可能会令人不快，最好忘记才对，而且，那本来也不过就是几分钟后你自然会忘记的事情。

所以最好的办法是默默忍受凌晨焦虑，静静等待"破晓之光"（day-raw）——那是黎明时分天空中的第一缕红色曙光。"破晓之光"是极致的美景，是给牧羊人的警示[1]，同时还决定着当天究竟是高日出（high dawn）还是低日出（low down）。低日出指的是太阳直接出现在海平面上方，高日出则指太阳一开始受到云层遮蔽，然后突然跃出，光芒万丈，高挂空中。

不管怎样，这就是"白昼"（dayening）、"天亮"（greking）。由于某种原因，一个18世纪的拦路抢劫大盗称它为"光人"（lightmans），他可能决定在这个时候回家睡觉，好给农民让路。那些18世纪的农民对它有个相当动听的称呼——"见天"（day-peep）。而到了1940年的纽约，那些精疲力竭的歌舞女郎则叫它"早天光"（early bright）。但对你而言，这仅仅意味着结束了通常的凌晨焦虑，而且有人猜，这还暗示着即将出场的"叫醒器"（expergefactor）。

1　法利赛人和撒都该人来试探耶稣，请他从天上显个神迹给他们看。耶稣回答说："晚上天发红，你们就说，天必要晴，早晨天发红，又发黑，你们就说，今日必有风雨。"（马太16: 1-3）——译者

Alarm clocks

闹　钟

Expergefactor（叫醒器）可以是任何能够叫醒你的东西。可以只是你的闹钟，需要你到点按下贪睡按钮。也可以是清洁工、送奶工、送货车，这个时候你可能会探出窗口大喊："去死吧，你们这些叫醒器！"（Damn you all, you expergefactors!）这样说应该可以让他们安静下来了，至少在他们中有人找到一本好词典之前。

你可能不用闹钟。很多人会因为各种复杂的原因选择广播作为他们的叫醒器。这样一来，你会被各种发生在远方的大屠杀、地震、瘟疫、选举一类的新闻惊醒。或是被一些政客的声音叫醒，他们在广播中慌乱地解释自己为什么完全清白，那些钱和情妇又为什么会在他们的账户上和床上。

一个专门用来形容不诚实政客的术语是 snollygoster（空口家）。好吧，可能算不上术语，但却是最合适的一个。《牛津英语词典》对 snollygoster 的定义是"一个狡猾的，没有原则的人，尤指政客"。不过 19 世纪 90 年代的一个美国记者提供了一个更为精确（但可能不那么清楚明白）的定义：

……一个为了谋求高位不顾党派、不分场合、不讲原则的人。不管什么时候，他都仅凭煌煌巨论的空话套路达到目的。

可惜的是，这位美国记者并没有解释什么是煌煌巨论（talknophical）或空话套路（assumnacy）。所以除非政客们都变得诚实了，不然我还是不明白为什么现在不用snollygoster这个词了，不过要真是这样，那我们欠他们一个道歉。

如果你觉得用空口家形容一个不诚实的公职人员太荒唐的话，你可以用throttlebottom（庸碌的公职人员）来指代广播中的那个声音。

但不管怎样，你都不应该用广播新闻来叫醒自己，因为这样很容易致怒或致郁，甚至两者兼有。此外，这还可能导致你偏离正确的叫醒方式：破晓歌（aubade）。

关掉广播。

关掉闹钟。

仔细听。

有没有听见破晓歌？

破晓歌就是黎明时分你的情人立在你卧室窗户下面唱的歌。若你的情人不走调的话，一首好听的破晓歌足以让你的好心情至少持续到早餐时间。但是，如果你现在没听见破晓歌，那只有两个令人悲伤的可能性：很抱歉一大早就跟你说这个——要么是你懒惰又无所事事的（lollygagging）情人开小差儿了；要么你根本就没有情人。

古时候有个更好的系统用来叫人起床。一个被叫作"敲窗人"（knocker-up）的家伙会在村子里晃悠，用一根特殊的棍子敲人家的卧室窗户。事实上这被当作一份正经工作，并且比起另一种方式——"织工的警报"（weaver's larum），可要安全多了。

织工的警报是个奇特的设置，运作方式如下。拿一件适当重量的物体，比如一块石头或者一个小孩，给它系上两根线。两根线都要穿过一个钩子。有一根要绑墙上，所以线是绷紧的，吊着石头或小孩。另一根线是松动的，就绑在你的手指上。

明白吗？就是重物通过紧绷的线连接墙壁，通过松垮的线连接你的手指。

好，现在拿一根细长的蜡烛，把它的底部紧挨着绷紧的线。现在点上蜡烛，然后你可以迷迷糊糊地去睡了。晚上蜡烛会慢慢地烧啊烧啊，直到火苗烧到线上，这样它就点着了。石头掉到地上，你的手指突然被猛地一拉，粗暴地把你从睡梦中拽出来。

最后还有一种是reveille（起床号），就是用来叫醒一整营士兵的击鼓声或喇叭声。因此这个词还适用于其他噪音，比如垃圾清洁工、小孩或者其他扰人的杂音，还有现代生活中的自然叫醒器。

Zwodder

困

凌晨焦虑（uhtceare）现在已经正式结束了；但是，这并不意味着你感觉很棒。有一个词可以用来形容人们在早上感到轻松愉快：matutinal（早起的）。事实上，还有好些词，但大多表意粗鲁，正如奥斯卡·王尔德发现，只有无聊的人才会在早餐时候生气勃勃。并且，不管怎样，现在离早餐还早着呢。

在这个时候，你可以躺在那儿，犯个困（zwodder），咒骂新一天的到来。在那本相当原汁原味的词典《对英格兰西部，尤其是萨默塞特郡地区一些方言的观察》（*Oberservations on some of the Dialects in the West of England, particularly Somersetshire*，1825）中，zwodder的定义是"身体或者精神上昏沉愚蠢的状态"。

这本身就让zwodder这个词变得很有用。但很重要的一点是它该怎么发音。把它念出来试试！Zwodder。这是那种要蜷缩在被褥里才能嘟囔出来的词。Zwodder。它是英语中最沉闷的词，但还是有一些温暖与舒适的东西与之相关。

或者，你可能变得糊涂、茫然，以及通常所说的philogrobolized（昏昏沉沉）。说这个词的时候应该比你正常的说话声音低八度，而且要留到早上，在被残忍地叫醒之后再说。应对

"你今天早上感觉怎么样"这种问题，philogrobolized（昏昏沉沉）基本上总是无敌的答案。没有人会问你这是什么意思，因为不知怎的，它都被包含在"grob"这个音节中了，重音总是落在这里。你根本不用承认喝过酒，它就已经表达出宿醉的意思了。

另外一种对此更加宗教化的处理方式是像谜一样阐述自己的ale-passion（麦芽酒受难）。Passion（受难）在这里取承受苦难的古义，就像在基督受难记里的那样。（一个用来表示受苦的词后来成了浪漫爱情的代言词，这向你揭示了浪漫的全部。）"麦芽酒受难"曾在1593年《丰饶的酒神》（*Bacchus Bountie*）一书的下述内容中提及：

> 第四，一个德国人打着滚进来，他出生在美因茨，他的名字是戈弗雷·格劳特赫德（Gotfrey Grouthead）；他随身携带一个钱夹，里面满是丘鹬的头；那些脑子调和了其他的酱，就可以用来预防麦芽酒受难或者头疼。

事实上，你应该在床边养一小笼的丘鹬，以防万一。不然的话，你躺那儿会很难受。你会感到xerostomia（口腔干燥），这是用来表达因缺乏唾液而嘴巴干燥的医学术语。但除非你下床，不然你根本拿它没办法。也有可能是因为你睡姿错误，然后发现你的胳膊也睡着了，这种情况在医学世界被称作 obdormition（睡眠麻痹）。治疗这种症状的唯一方法是狂甩麻木的肢体，就像痉挛的牵线木偶一样，直至 prinkling（刺痛感）开始出现，然后你的血液又慢慢地、勉强地恢复循环。

那种痛苦可能还会入侵你那睡眼惺忪的 lippitude（模糊视线）。这段昏沉困倦的时间里，你不禁后悔当初没买更厚实的窗帘，因为阳光璀璨耀眼，而你却恰好是畏光生物的一员，就像吸血鬼或獾那样逃避阳光。畏光（lucifugous，或 light-fleeing）这个词常用来形容罪恶或魔鬼，但也可以代指那些因不堪忍受天堂直视而战略性地躲避在羽绒被下的人。

清晨要遭受的最后折磨当属 pissuprest（憋尿）。一部写于1610年的养马指南提道："当一匹马想要撒尿却不能撒时，它就是在憋尿。"

那便是你的模样：舒舒服服地躺在被子里，尿意（micturition）正浓。唯一的解决办法是果断起床，蹒跚地走向盥洗室。但还不是时候，还不是时候。你愿倾尽所有（正如伊丽莎白女王常常说的）只为在暖榻上多待片刻。仿佛只要静静躺在原地，尿意就会魔法般消失。

这正是拖延和 cunctation（耽搁）的时候，而且通常是推迟不可避免的事。这并没有什么错。归根结底，这不过是生活的缩影。

我们知道，死亡和上厕所都是不可避免的事，但这并不意味着我们必须得高高兴兴地上厕所或是满腔热情地跳进坟墓。坚持住！好好享受当下这片刻欢愉。好好珍视、细细品味你的被窝温情（grufeling），这个词在《贾米森的苏格兰语词源词典》（*Jamieson's Etymological Dictionary of the Scottish Language*，1825）中是这样定义的：

> To be grufeling：紧紧地包裹起来，用看着很舒适的样子躺着；通常用于嘲笑奚落。

苏格兰显然是一个缺乏同情心的民族，或者说是确实缺乏医学知识。他们难道没有发现你患有未确诊的起床困难症（dysania）吗？起床困难症具体表现在很难醒来、很难起床，并且可能有潜藏的流行趋势。

稍微为人所知的是恋床癖（clinomania），这是一种痴迷于躺在床上的执着欲望。但这解释也不够恰当，不是吗？你或许觉得约翰逊博士[1]的词语oscitancy（困倦）更好，他将其定义为"打呵欠或者异常嗜睡"。该词的首次记录出现在1610年，指

1　塞缪尔·约翰逊（Samuel Johnson，1709—1784），英国作家、文学评论家和诗人，历经九年的努力编成《英语大词典》（1755）。——译者

的是"困倦和张大嘴巴打瞌睡",这个短语描写的是教会里布道的无聊场面。你呵欠连连(oscitation)的时候,可以打个欠伸(pandiculation),这个词特指晨醒时分伸胳膊抻懒腰的状态。

若你是古时的国王,黎明时分,便是进行早晨接见(levee)时间。早晨接见是一种略显滑稽的正式场合,在你想要躺在床上的时候,你所有的臣属却前来吹捧你的至高无上。不幸的是,早晨接见在18世纪开始失控。接见如此之多,不同等级的团体如此之多,以至于那些团体高层被迫要在床上一直待到午后。1742年,英国小说家亨利·菲尔丁[1]对早晨接见的描述如下:

> ……大清早起床的是地位卑微的左马驭者或者其他伙计,他们都没有好的家境,也没有强硬的社会关系,他们的职责是为男仆约翰刷衣物、擦鞋子;接着起床的是男仆约翰,他自己穿好衣服,再帮助助理先生做同样的工作;助理先生是为乡绅服务的侍从,但自己也是贵族出身,起床稍晚些,然后以同样的方式服侍乡绅;乡绅一准备好,就要参加领主的早晨接见;当在早晨接见中看见领主,会见也就快结束了,

---

1 Henry Fielding(1707—1754),18世纪最杰出的英国小说家、戏剧家,18世纪英国启蒙运动代表人物之一,英国第一个用完整的小说理论来从事创作的作家,被沃尔特·司各特称为"英国小说之父"。——译者

在致敬时间结束后，领主又会现身君主的早晨接见，表达敬意。在这整个依赖阶梯中，或许没有比从第二到第一更远的距离了。因此，选择做个清晨六点起床的伟人，还是下午两点起床的伟人，这似乎是一个留给哲学家的问题。

早晨接见期间，你要知道，只有你的爱臣获准站在窄道（ruelle）上，那是床和墙壁之间，大概是你用来放鞋袜的地方。其他人只好勉强对付着在床脚甚至门边乱转。

如果你正在进行早晨接见，我愿你一切顺利。但如今最接近早晨接见这种形式的是在早晨给老板打电话装病（egrote）。

Egrote这个词极为实用，意思是"为了不上班而佯装生病"。若该词逐渐废弃，原因一定是工人们不再耍花招。以下是给初学者的一些福利。

等到老板一接电话，你就开始呻吟（whindle）。1699年的词典里对whindle的定义是"佯装呻吟"。在虚弱地说出你的名字之前呻吟上一阵是制胜法宝，这能够充分证明你是个患者（sickel），完全干不了活。如果被问到具体是什么病，你就说你正疯狂地拽着被褥（floccilating）在床上翻来覆去（jactating）。

如果老板坚持要你说出具体病情，千万别说是dysania（起床困难症）。你可以说是严重的hum durgeon（假想病）。除非你的老板非常熟悉18世纪的英语俚语，否则他永远也猜不到其含义：

> HUM DURGEON：一种想象出来的病症。他患有假想病，最严重的是靠近臀部的大腿根处；也就是说，除了没精打采，他没犯什么病痛。

遗憾的是，你不能日日以假想病为借口。不然，你的老板会起疑心的。一周最多用上两次，你还能侥幸成功。注意！第二次以此为借口时，最好一直厉声尖叫"我的大腿啊！我的大腿啊！"直到对方挂了电话才罢休。

不行！你已经懒洋洋地躺了太久了。七点快到了。掀开羽绒被！甩开被单！从床上爬起来吧！

第二章

早上七点：起床与洗漱

拖鞋—照镜子—自我厌恶—上厕所—冲澡—整理头发—

剃须—刷牙

Slippers—looking in the mirror—self-loathing—lavatory—

shower—hair—shaving—brushing your teeth

07:00 am

Exodus

出埃及记

就这样，你终于起床了，如同亚当和夏娃被驱逐出伊甸园。

第一件事，摸索着寻找你的拖鞋。也可称其为庞托费尔鞋（pantofles），显得更洋气。庞托费尔鞋以圣庞托费尔（Saint Pantouffle）的名字命名，但这个虚构出来的圣人形象就像他本人一样模糊。他（她或它）出现在15世纪的法国。没人知道法国人为什么要杜撰这么一位圣人，或者为什么要以他的名字命名拖鞋，但事实就是如此。罗伯特·伯顿（Robert Burton）的伟大医学著作《忧郁的解剖》（*The Anatomy of Melancholy*）中描写了爱神维纳斯大发雷霆的场景，因为她失明的儿子丘比特总是让人混乱地相爱：

> ……她威胁要弄坏他的弓箭，折断他的翅膀，用庞托费尔鞋打他的光屁股。

凡是可以卷起来的拖鞋都可以当作教训小爱神的武器，这绝对是个好主意。

当你的脚指头舒舒服服蜷伏在庞托费尔鞋里，你就可以蹒跚着挪到浴室，偶尔驻足，也只为欣赏床上的小凹痕，那是因为你躺了一整晚而下陷。这个凹陷即"干草垫架"（staddle）。

The bathroom
浴　室

第一部分：镜与镜中景

镜子有很多别称，伊丽莎白时期它是文人口中的"好奇镜"（tooting-glass），18世纪它是拦路劫匪心中的"奇特望远镜"（rum-peeper），不过最妙的当属"端详镜"（considering glass），毕竟这才是镜子的用途。照"端详镜"之前，首先要做的是掬一捧水（a gowpen of water），即用双手掬起的水量，然后抛到脸上。毕竟，在八点之前，除了天使，谁都不好看。

Pimginnit 或许是个很有必要的词语，这是17世纪的术语，指"一个又大又红的生气的粉刺"（a large, red, angry pimple）。这是一个非常好的定义，因为它暗示出粉刺也有情绪，有些甚至会暴怒。脓疱的愤怒情绪要比"酒糟鼻"（grog-blossoms）这种由于喝多了格罗格酒或朗姆酒而在翌日清晨从脸上冒出的斑点更加强烈。酒糟鼻的情绪与其说是生气，不如说是闷闷不乐，就像一封肝脏连夜寄给你的泄愤信。

不过够了，别再用"疖"（furuncles）这个词了。我们只要说你"有东西鼓出皮肤"（erumpent）就够了，这是"长粉刺"（spotty）的委婉说法 [比"生丘疹"（papuliferous）听着要舒服些，比"长瘀斑"（petechial）绝对要好太多，尤其约翰逊博士将后者定义为"长着瘟疫般的粉刺"]。不能再纠结于脸上的疙瘩了，因为还有太多别的烦恼等着我们。

首先是"精灵结"（elf-locks）。现在，或者过去，众所周知的事情是，精灵会在晚上偷偷溜进卧室，但它们只是把你的头发缠成一团，而没有其他目的。其令人悲哀的结果，就是你在照镜子时看到的精灵结。

接下来就是细纹，或者严重的话，就是"深纹"（wrines，是大一些的皱纹）；"乌鸦的脚"（the crow's feet）、"褶皱"（frumples）、"折痕"（frounces）、"隐藏的褶层"（the lurking lirks）……还有上百万个词可以用来形容你脸上的线条。毕竟，它们只是标志着你有多么周到和聪明。

还有就是"羽毛"（culf），指床上那些钻进你鼻孔里的小绒毛。还有你正在用来看东西的红红的"雪貂眼"（ferret-eyes）。还有"口臭"（ozostomia）和"狐臭"（bromodrosis），它们是医生用来形容你发出恶臭的口气和汗味的词。因为医生们有用希腊语骂人的好习惯，这样可以减轻给人带去的打击。几乎任何事物用古典语言说听起来都会更温柔。比如，如果有人暗示你散发出"马尿味"，你极有可能把这当作一种攻击，但如果他只是说你有着"兽腥味"（jumentous），你可能会以为这家伙说你精神欢乐（jubilant）又有影响力（momentous），或者其他类似的意思。你甚至还要谢谢他。

总之，尽管你"自我排斥"（idiorepulsive，甚至自我厌恶），但你还是要尽快采取一些措施。不过，我担心事情在有所改善前一定会变得更糟糕。

在尤其糟糕的早晨，或许可以试试来一个"贯穿咳嗽"（through cough）。这可不容易，我尝试了很多次，但总是失败。如果你能做到精准地在同一时刻咳嗽和放屁，那么你就完成了两百年前所说的"贯穿咳嗽"，你就能偷偷地乐着度过这天剩余的时间了。

但不管怎样，"贯穿咳嗽"只是一天中最粗俗时段的序曲，在这些时段里，你与兽类无异、与帝王比肩——上厕所。

第二部分：香料群岛[1]

《撒母耳记》中记载，当对历史和未来的救赎在扫罗和大卫之间展开时，一切都取决于扫罗突然要上厕所这件事。当然，那时候并没有像样的厕所，救赎的方法也不是非常先进。但当扫罗带着他的军队在死海追捕大卫时，他发现自己的猎物就像他的以色列王位一样疾驰而去，而他也不得不将其放弃。

扫罗就从以色列人中挑选三千精兵，率领他们往野羊的磐石去寻索大卫和跟随他的人。到了路旁的羊圈，在那里有洞。扫罗进去大解（cover his feet）。大卫和跟随他的人正藏在洞的深处。跟随的人对大卫说："耶和华曾应许你说，我要将你的仇敌交在你手里，你可以任意待他，如今时候到了。"大卫就起来，悄悄割下了扫罗外袍的衣襟。

这里我们关心的并不是谁才是真正的上帝的受膏者，亦不是王的外袍的象征意义，甚至也不是仔细检查厕所以防范王位竞

1　香料群岛是印度尼西亚东北部马鲁古（Maluku）群岛的别称，因盛产并输出丁香、豆蔻等香料而得名。——译者

争者的必要性，而是"大解"（cover his feet）这个有趣的短语。这是古希伯来语中的文字游戏，意指解决人的自然需求。

如果圣经教会了我们一件事，那就是千万不要粗俗地直言不讳（call a spade a spade），或者直接称呼厕所为厕所。即使你选择不去遮盖双脚（脚上早就应该穿了庞托费尔鞋），你也可以用各种有趣的短语掩饰你的粗鄙。维多利亚时代的人会用"拜访琼斯女士"（visit Mrs Jones）、"拜访阿姨"（visit my aunt）或"去咖啡店"（visit the coffee shop）这样的表述，不过，最后一个表述里那些液体性状的东西可能太具有暗示性了。其他的表述则更具异域特色。13世纪时人们会说"去异域房间"（visit a chamber foreign），到了18世纪则可以说"航行到香料群岛"（take a voyage to the Spice Islands），那些都是可以想象到的最具异域风情之地，尤其适合吃了咖喱的早晨。

但是，这些富有异域情调的称谓可能并不适用于通常会在异国他乡引起麻烦的东西。杰出的演员大卫·加里克[1]曾在1764年到欧洲旅行，他在写给弟弟的信中这样写道：

1　David Garrick（1717—1779），英国演员，剧作家，剧场经理，他对戏剧的贡献几乎影响了18世纪戏剧实践的方方面面。——译者

……离开英格兰后，我至今都没觉得自己有过一间不错的"办事处"（house of office），或者像上帝说的，一间方便处（conveniency）——德国的便池通常太大太圆，我觉得主要是因为德国人的屁股比较大……和我们一起有一位瘦小的英国绅士，他滑到了其中一个便池中间，我们花了好几分钟才把他解救出来——总之，你可以向汤利保证（他爱打听这类事情的状况），上厕所在意大利是"解决需求"（do their needs），在德国是"注入大海"（disembouge），在英格兰（且只在英格兰）才是"放松自己"（ease themselves）。

用"办事处"（house of office）称呼厕所听上去很气派，但加里克的同代人更愿意称它为下议院（House of Commons），这种叫法很适合有政治意识的人。中世纪的人会说"去围攻"（go to siege），室内会有一个精制的军用手环，特别适合那些便秘的人。尚武遗风在维多利亚时期"刮掉城堡"（scraping castle）的表达中依然可见。实际上，我们可以找到无数种"上厕所"的变体和委婉语，所有的词都透露出一个信息：自13世纪以降再没有人会粗鄙到使用"排泄污物"（do their filth-hood）这样的词了。

当一个人真的蹲在茅坑（gong-hole）上时，他应该对自己的这一精准行为倍加留意。比如，在墙壁不厚的屋里拉稀（squitter）或排泄时发出声响就有点儿粗鲁了。无论是purgation、exoneration，还是dejection（都有"排便"之意），不管叫什么，进行这类活动时都应非常轻声（pianissmo），"大便挞"（tantadlin tart）应该安安静静地烤。

当这项活动结束时，你大概会把注意力转移到必要的用纸上，如果你认为英语语言会在这时让你失望，那你一定还没读过托马斯·厄克特爵士[1]于1653年翻译的拉伯雷[2]的文章，译文中包含了以下这段挑逗的小建议：

> 我认为并且坚持认为，在所有的厕纸（torcheculs）、卷纸（arsewisps）、手纸（bumfodders）、餐巾（tail-napkins）、马桶纸（bunghole cleansers）和擦纸（wipe-breeches）中，世上没有一种纸比得上鹅的脖子，如果把它的头放在你的两腿之间，就能很好地擦干净屁股。请以我的名誉为念相信我，因为你会从屁眼儿处感受到一种最奇妙的快感，不论就鹅毛的柔软而言还是就鹅适宜的温度而言……

1　Sir Thomas Urquhart（1611—1660），苏格兰作家、翻译家。——译者

2　Rebelais（约1483—1553），法国作家，人文主义者，代表作为长篇小说《巨人传》，作品反映了文艺复兴时期新兴资产阶级的思想要求。——译者

Bumfodder 这个词在英语中有一段相当奇特的历史。虽然它现在是一个非常晦涩难懂的表示卫生卷纸的词，但仍以一种缩写形式幸存了下来。Bumf 至今仍是一个相当贬义的词，用来指代工作量巨大却必要的文书工作。如果你不想惹一身骚（fartleberries，指小块的屎）的话，它当然是必要的。

然而，在既没有纸又没有鹅备用的恶劣条件下，你总可以求助于外衣的一角，只要大卫还没有暗中接近你，悄悄把你的衣襟割下去。

第三部分：因为海洋里所有的水／永远都不能把天鹅黑色的腿变成白色／尽管她时时刻刻都在水里清洗着

本杰明·富兰克林[1]发明了避雷针、双焦镜、一体式桌椅，还有冷空气浴（cold air bath）。在 1768 年的一封信里，他这样描写这项收官之作，重点是他不喜欢水：

> 通常，冷水的刺激，对我而言实在是太猛烈了。我发现我的体质更适应在另一种元素中沐浴，我指的是冷空气。

1　Benjamin Franklin（1706—1790），美国政治家和科学家。——译者

按照这种观点，我几乎每个早上都会一丝不挂地在房间里坐上一个半小时或一小时，或读书或写作，时间会因季节相应调整。

出于保护水资源的考虑，富兰克林的发明可能还会复兴，虽然很难看出这种方法对驱除污垢和异味有什么效果，因此21世纪的我们可能还离不开水；另外，迫于时间压力，我们大概还要使用花洒。最棒的是你能开始用20世纪50年代的一句美国俚语表达洗澡，"像鱼一样沐浴"（make like a fish）。

然而，在你冲进水里之前可要做好准备。倒霉定律[1]说，等你洗到一半才会意识到瓶子里没剩多少洗发水了，所以以你现在就要"放倒瓶子"（duffifie）。Duffifie是阿伯丁郡方言中一个古老的动词，意思是"把瓶子侧放静置一段时间……这样一来，剩下的几滴能够完全流干"。因此，这个词比英语里的相应表达"让瓶子坦白"（make the bottle confess）更为简洁。不管怎样，放倒瓶子会在以后为你省下不少麻烦。

当你打开水龙头的时候或许会期待"浴帘效应"（shower

1　倒霉定律（Sod's Law），即墨菲法则，表示如果一件事可能会变糟，那么它就一定会变糟的定律。——译者

curtain effect），本杰明·富兰克林无疑会对此感兴趣。淋浴一开，浴帘就会被吸向你这边。虽然已经提出了好几种理论，但是现代科学还是不太确定为什么会发生这种现象。

甚至当浴帘被吸进来缠绕着你，你很可能还会经历一次"冷战"（curglaff），这也是一个古老的苏格兰语，这一次描述的是当你被冷水击中时的感觉。你的心脏会疾驰，血液会飞奔，假如你是本杰明·富兰克林的话，你一点儿都不喜欢这种感觉。

无论如何，你拿这种情况没办法。这时候就应该搓洗（buddle）掉所有并非"洗不掉的"（illutible）的。波德莱尔[1]说过，人类如果认为他们可以用廉价的眼泪冲洗掉所有的污点，那他们都被骗了。但波德莱尔是法国人，因此他压根儿不懂卫生或沐浴露。

身体的各个部位都有一些滑稽的词语，但洗澡时重要部位的词汇可见下列：

Oxter——腋窝

Popliteal——膝后窝的

---

1 Charles Baudelaire（1821—1867），法国诗人，法国象征派诗歌的先驱，主要作品《恶之花》。——译者

Dew-beaters（露珠搅拌器）/beetle-crushers（甲虫破碎器）——脚（取决于你如何使用这双脚）

Inguinal——腹股沟的

其他部位都是可选的。毕竟如果你花了太多时间冲澡，最后你的手指尖会变得皱巴巴的（quobbled）。

第四部分：凝视，凝视脸盆/想知道你错过了什么

整理头发

苏格兰曾一度因虱子而臭名昭著，这是否属实我不知道，我打交道的是词典而非苏格兰人。但是，"苏格兰灰骑兵团全速前进"（the Scots Greys are in full march）曾经指的是虱子爬满了头顶。1811年的一部词典把"宗族"（clan）定义如下：

> 指家庭的部落或者兄弟关系，在苏格兰是一个经常使用的词。宗族族长（the head of the clan）、首领（the chief）：暗指一个关于苏格兰人的典故，有一只奇大的虱子从苏格兰人的胳膊上爬下来，但又被放了回去。他说既然他是宗族的首领，如果受伤的话，宗族里的其他人都会憎恨这只虱子。

这些都可以说明为什么以前把梳子叫作"苏格兰虱子陷阱"（Scotch louse trap）。所以，这个词要是能再度流行的话，既可以丰富语言，又有惹怒苏格兰人之效，真是一举两得。

事实上，即使不用梳子你还是可以弄出凯尔特人的发型，用手指就能把头发拢成相似的样子。威尔士人并不以虱子闻名，但是他们曾经以使用廉价的替代品著称。所以，"威尔士钻石"是水晶，"威尔士地毯"是画在地板上的图案，而"威尔士梳子"则是你的五根手指。

人们对头发做了各种各样奇怪的事，以至于英语语言中在这个话题上充满了有用的词语，大部分的词语包括trich-这个语素，它表示的是古希腊语中的"头发"。例如，"头发柔顺的"是lissotrichous，"波浪卷头发的"是cymotrichous，还有trichotillomania，这个词指的是一种想要把头发全拔光的病态欲望。

如果词典值得相信，那你最应该做的事可能就是养上一头晃荡的卷发。甚至在约翰逊博士的词典中，女人的波浪卷也被称作"碎心者"（heart-breakers），维多利亚时代的人又管它叫作"鞠躬捕手"（bow-catchers），这样说是基于卷发能够吸引帅气的年轻男士，或者说是"帅哥"（beaus）。维多利亚时代的女性会在一种罕见的平等环境中追求那些玩"铃绳"（bell-ropes）的男性，有着大波浪魅力的美女们（belles）就这样毁了。

剃须

现在让我们把注意力放在男士以及一些不幸女士的下巴上。让我们说一说"剃须制度"(shavery),《牛津英语词典》中把这个词严肃地定义为"遵从不可蓄须的风俗",尽管诗人罗伯特·骚塞[1]在1838年的见闻中把这个词运用得更好:

> 噢,可悲的人类!有一种肤色在国外生来就是奴隶,而有一种性别在国内生来就要剃须!——在这个国家,一个女人要过上舒适幸福的生活,只需要一样东西,那就是一位好丈夫;但一个男人却要有两样东西,一位好妻子,还有一把好剃刀,而且后者要比前者更难寻见。

奴隶制度已经废除,但是剃须制度继续存在。后者真是可耻,因为它减少了人们对专门的胡子用语的需要,而这样的词语可不少。它们都和希腊语词根pogo有关,这个词根在发音上和棍子完全一样(但是两者在词源上没有关联),所以有pogonology(胡子学)、pogonate(长胡子)、pogoniasis(女士长的胡子),

---

1 Robert Southey(1774—1843),英国湖畔派诗人、散文家,早期浪漫主义作家代表之一,受封为桂冠诗人(1813),主要作品有《纳尔逊传》等。——译者

还有pogonotomy（刮胡子）。因为我们生活在一个充满"憎胡子者"的"厌胡子的"社会，大多数人都要从拿起刮胡刀开始新的一天，从颏前点（pogonion）或下巴尖往上，直到"鼻唇沟"（philtrum），也就是鼻子和上唇之间的部位。接着你还要小心地剪除颈毛，维多利亚时代管它叫作"纽盖特刘海"（Newgate fringe）。纽盖特是伦敦一座关押绞刑犯的监狱。因此，"纽盖特刘海"用来比喻死刑犯去往来世之前绕在他们脖子前的绳子。

刷牙

公元前1世纪，罗马诗人卡图卢斯[1]写下了这样几行关于一个叫阿米尼乌斯（Aemilius）的人的诗句：

Non（ita me di ament）quicquam referre putaui,

utrumne os an culum olfacerem Aemilio.

Nilo mundius hoc, niloque immundius illud,

uerum etiam culus mundior et melior:

nam sine dentibus hic.

1　Gaius Valerius Catullus（约前87—前54），罗马抒情诗人，尤以写给情人莉丝比娅的爱情诗闻名，其诗作对文艺复兴和之后欧洲抒情诗的发展有重要影响。——译者

用英语是无法再现拉丁语原文的庄重之美的，但可大致英译如下：

I really cannot tell between

His mouth above and arse beneath;

They are identically unclean,

The only difference: one has teeth.

我实在不能分辨

他上面的嘴和下面的臀的差异；

两者都一样不净，

唯一的区别：一个有牙齿。

除了卡图卢斯的诗歌，再没有关于阿米尼乌斯口臭的记载了。两千年以来，这是他留给后世唯一的东西。从这件事我们可以学到两个教训：不要和诗人过不去，要保持牙齿洁净。[1]

所以，请张大你的嘴巴说：oze（口臭）。这是个可爱的喉咙大开的长音单词，意思是"嘴巴里的臭气"。这个词的优点在于，仅仅是说起它，你就能散发出口臭。

---

1 事实上，卡图卢斯还有一首诗，写的是一个牙齿雪白的家伙，他声称这家伙只有通过喝尿才会如此。有些诗人就是无法取悦。（若无特别说明，本书注释皆为原书注）

刚好涂满牙刷刷头的少许牙膏量就是牙膏制造商所称的nurdle。他们这么叫的原因早已在长时间的口臭里流失，但这个词的出现至少不晚于1968年。最近，两家最大的牙膏制造商之间有一起官司，完全就是围绕着允许哪家制造商在包装上描绘nurdle展开的。据说，nurdle不仅可以赶跑口臭，还可以美白你的牙齿[或者更专业一点儿的说法，让你不再一口"黄牙"（xanthodontic）]。

然而，自卡图卢斯的时代以来，最大的进步就是引进了漱口水。但不幸的是，这个词是在"含水漱口"（squiggle和gleek）被废弃后才引入的。Squiggle是古老的诺福克郡方言，意思是"合上嘴把液体在嘴里摇晃清洗"。Squiggling是一个可爱的词，因为声音听起来和实际一样，gleek这个词也是如此，就是把液体从你的嘴里喷射出去。为了挑战一下自我，喷的时候离洗脸池越远越好。

Done

完　成

就是这样。你已经完成了。或许还有一些你应该注意的事情，但我实在太羞于询问。相反，我想问一个上帝曾在伊甸园里问你祖先的问题：谁说你是裸体的？

第三章

早上八点：穿戴和早餐

衣服—化妆—早餐—准备出门

Clothes—make-up—breakfast—preparing to depart

08:00 am

裸体主义当然非常好，但不一会儿就会觉得冷。所以是时候变为裸体主义者口中所称的textile——也就是那些穿着衣服的可怜的傻子——了。你已经准备好穿衣打扮，让自己成为一个衣着得体（concinnate）的完美绅士；但如果你具有某些女性特质，可以打扮得像纨绔女子（dandizette），这是19世纪用来形容衣着华美的女子的术语。当然，你不可能一直一丝不挂（starkers），用女巫的话来说就是"以天为衣"（sky-clad）。

公元2世纪，一群叫作"亚当派"（Adamites）的基督教狂热分子奉行"亚当主义"（Adamism），或者说神圣裸体，但仅限在教堂内，并且他们也需要中央供暖。圣埃皮法尼乌斯[1]曾这样描述亚当主义：

> 他们的教堂就是火炉，通过底部生火使室内变暖以接待教徒。当他们来到门前，不管男女都会脱去衣物，然后裸体进入会议场所。那里的会长和教士同样照做，然后和所有人混杂着坐在一起。接下来他们就裸体读经或进行其他部分的敬拜。

1　St. Epiphanius（310或320—403），萨拉米斯主教，是正统信仰的捍卫者，被东正教和天主教同时公认为圣人和教父。——译者

亚当主义的理念，如果你相信的话，就是通过将自己暴露在这样的诱惑面前来增强意志力，战胜欲望。尽管上帝可能已经同意亚当派的做法（他对此保持沉默），但警察和大多数老板对此并不赞同。所以我们还是穿上衣服吧。

我们就从在维多利亚时代被人们羞怯地称为某人的"缩写"（abbreviation）而在现在这个粗俗的时代被简单地叫作内衣的东西开始吧。在赫里福德郡，肥大宽敞的衬裤（knicker）被当作苹果收集篮（apple-catcher），因为它足够大，在夏季时分的果园里很有用处。

说到其他内衣，英语中竟然不可思议地缺少指代胸罩的俚语。20世纪40年代的gay deceivers是唯一一个有趣的表达，指的是有衬垫的胸罩。你可以想象得到，当时gay这个词还没有被用作同性恋的俚语，那时候，一个放荡的老头（a gay old man）依然贪恋异性。这些放荡之徒会因别人使用橡胶假体而上当受骗。因为纯橡胶的气味有些难闻，所以会调成巧克力味。也许恢复gay的古老用法是有意义的，但恢复相关技术就算了。

1699年的《伪善者古今术语新编词典》（*A New Dictionary of the Terms Ancient and Modern of the Canting Crew*）中有这样一个奇怪的小词条：

波斯蒂默斯·霍布爵士（Sir Posthumus Hoby），一个用鞋拔穿上马裤[1]的人，也是一个从穿着上看友好但古怪的人。

说它奇怪的理由有二。其一，词条中没有提到，是由于这家伙很胖所以才必须用到鞋拔子，还是因为他为了秀美腿而穿了条特别紧的裤子。其二，历史上真有一个叫波斯蒂默斯·霍布爵士的家伙，生活在这本词典编写的一百多年前。他是个出了名的清教徒，很有可能是莎士比亚《第十二夜》中严厉苛刻的马伏里奥（Malvolio）的原型。但波斯蒂默斯爵士（如此命名是因为他在父亲死后才出生[2]）既不特别胖也不特别时髦。实际上，他出名仅仅是因为他的一本正经，并且八岁就被牛津大学录取。但是，似乎不应仅凭试图挤进去年穿还算修身的衣服里的尴尬时刻，而否认他不朽的名声。

此时你一定会注意到一块grinnow，即洗涤过程中洗不掉的污点，在这一重要时刻之前，你可能从来没有注意到它。令人震惊的是，grinnow这么有用的单词只是作为一种晦涩的什罗普郡方言被收录在一本1879年的词典里，不过该词典提供了有用的

1　裤脚束紧，长及膝部的裤子。——译者

2　该名字Posthumus与posthumous（遗腹子）极为相近。——译者

例句："如果我能擦掉那一块的话，就能除去顽固污渍了，因为污渍已经渗透进去太多次了。"（I canna get the grinnows out if I rub the piece out, they'n bin biled in so many times.）

有人肯定会很小心地避免这些污渍；太多的污渍会使你看起来像个tatterdemalion，即那些身着破破烂烂的衣服的家伙。它和叫花子（tatter-wallop）、乌合之众（ragabash）、流氓（flabergudgion）的意思一样；考虑到现代时尚流行的"破烂风"，这是一个很有用的词语。

Tatterdemalion 这个词的词尾会令人愉快地联想到 dandelions（蒲公英，尽管重音落在 malion 的 may 上），即便是那些缺乏这方面知识或经验的人也能够立刻理解词义，因为大家都知道 tatter（破旧的衣服）的意思，而 demalion 无非是一种语言学上的迷惑。更奇妙的是，这个词还有一些派生词：tatterdemalionism（衣衫褴褛主义）和 tatterdemalionry（一群衣衫褴褛的人），后者被视为一个团体。

一旦你穿戴得体（snogly geared，18世纪用语）、衣冠楚楚（dressed to death，19世纪用语）或衣着光鲜亮丽（togged to the bricks，20世纪黑人用语），而你又是一位女士的话，那么，是时候给自己化个妆了。

Make-up

化妆品

大家都会记得这句台词，"唉，可怜的约利克！"（"Alas, poor Yorick!"），但少数人能联想到哈姆雷特对其骷髅讲的最后几句话。"你快去小姐的闺房里，告诉她，就算她抹上一寸厚的脂粉，到头来她也将变成这个样子；看她笑不笑。"（Now get you to my lady's chamber, and tell her, let her paint an inch thick, to this favour she must come; make her laugh at that."）[1] 这表明哈姆雷特并不是那种可以帮你选口红的人。

我很愿意把莎士比亚所知的所有关于化妆的迷人词语找出来。莎士比亚时代的女士们不会疯狂地涂抹粉底，只是用它来调肤色（surfle）。之后她们会擦一层铅白（ceruse）作为粉底，眼睛上擦点儿洗眼液（collyrium），眼睑上抹点儿眼影（calliblephary）。这一整个过程在那时被称为涂脂抹粉（fucation），不过最好不要被伊丽莎白时期的词汇搞得得意忘形。因为如果你丈夫问"做什么要这么久？"你不小心回答说："亲爱的，我只是需要涂抹一下（fucate）。马上就好。"对此，你的另一半很有可能会明智地问道：

1　选自《哈姆雷特》第五幕第一景。——译者

"八分钟够吗？"[1]那就尴尬了。

所以我们应该满足于20世纪40年代的化妆词汇，如指代口红的"折叠颜料"（pucker paint）。20世纪40年代还有"准备诱饵"（preparing bait）这样生动的短语，这个动作发生在整个化妆（lustrification）过程中。它将上了妆喷了香水的女士比作钓鱼女郎，她的嘴唇是鱼钩，而男人则是鱼。

一天中ante-jentacular（早餐前）的时间即将结束。Ante-jentacular只是一个听上去极其高明的形容词。它最适合于剧烈的运动或血腥玛丽（Bloody Marys）。

Breakfast

早　餐

希腊语里的早餐是ariston，所以关于早餐的学问就是aristology，而将一生致力于追求完美早餐的人就是aristologist。这个主题在19世纪中叶曾有过一段短暂的流行，甚至还有一本出版物叫作《大众烹饪方法》（*Cookery for the Many*），由一位

---

1 Fucate发音同fuck it，丈夫的理解为后者。——译者

澳大利亚的完美早餐追求者所著，但现在，这门学问已经是被遗忘的艺术了。这真是一种遗憾，因为早餐为好奇的头脑准备了品种繁多的自助餐。除了完美早餐追求者，没人能告诉你ben joltram实际上是"浸过脱脂牛奶的黑面包；是耕童通常的早餐"，butter shag是"一片面包加黄油"，opsony在《牛津英语词典》里被严格地定义为"任何配面包一起吃的食物"（复数形式为opsonia）。

受过专业训练的研究早餐的学生必须要从差不多三千年前的荷马那里开始研究，因为《伊利亚特》中有一整卷——第十九卷——的内容正是关于要不要吃早餐这个主题。

本质上，阿伽门农发表了长篇演说，命令希腊人要"用膳"（jenticulate，即吃早餐的时髦说法）。阿喀琉斯虽然不赞成他的话，但却发表了一篇更长的演讲，指出他们已经延误了工作（指杀特洛伊人），所以应该继续工作了。随后奥德修斯也加入了讨论，发表了一篇更长的演讲，主要是说，"这是一天中最重要的一餐。现在你可能还不觉得，但当你沐浴在敌人的鲜血里的时候，你就会后悔。"阿喀琉斯说，他还是宁可不要这顿早餐，尤其是他的早餐总是他最好的朋友普特洛克勒斯做给他的，而此时，他那面目全非的身体正两脚朝门躺在帐篷里。阿喀琉斯随后又回到伙伴的尸体旁，发表了如下这段动情的简短致辞：

"是你，"他说，"以往每当向特洛伊人发起

迅猛的攻击，总是你把可口的早餐送进

我的帐内；你总是那么灵动，那么可人勤勉，

你把所有的饭食都变得甜美。"

故事本来就到这里了，只是众神非常渴望阿喀琉斯能吃上一顿丰盛的早餐。因此，在宙斯的直接命令下，雅典娜从天而降，神奇地把"天堂里最令人神往的一餐"注入他的身体，让他能够动身去战斗，随后发生了一段和一匹会说话的马的小插曲，这一卷就到此结束了。

假如阿喀琉斯更有理智一点儿，他可能会选择要一份（chota hazri，即简单的早餐，刚好可以支撑你到上午十一点左右。这个词来自印度，其实就是印度语中的"小份早餐"，但这个词还有更多的历史与魅力，指的是当你在树上和老虎度过了一个晚上之后会吃的点心。所以，当1886年的一个家伙刚刚做了这样的事，他黎明返回家中时是这样的：

……朋友们用一阵完美的欢呼声来迎接他；而他们得到

的回应只是饥饿的哀号，大叫着要"早点"，然后布朗答应

要实事求是地讲述他的冒险经历。

它提醒我们世上还有这样的一个地方，在那儿把能量棒或者一根香蕉风卷残云般吃下去根本无伤大雅，你之所以狼吞虎咽地吃掉它，是因为你迫不及待地要去征服土地。

如果你手头有时间，胃里也还有空间，你可以给自己做一份可口的早餐，可能没有"天堂里最令人神往的一餐"那么可口，但也绝对是仅次于它。比如，阿喀琉斯可能从来都没有见过一只鸡或者一枚鸡蛋，因为欧洲在公元前5世纪前还没有进口这些东西。但鸡蛋对我们而言如此寻常，甚至在18世纪的时候，鸡蛋被称作"咯咯屁"（crackling farts）。因为母鸡总是咯咯叫，而鸡蛋是从它们的后部出来的。不像阿喀琉斯，我们可以将鸡蛋油煎（fry）、沸水煮（boil）、小炒（scramble）、文火煮（coddle）、炖煮（poach）、抹辣椒烤（devil）、做成本尼迪克特式（Benedict）[1]或佛罗伦萨式（Florentine）鸡蛋[2]。

有一个听起来更高级的和蛋相关的词是vitelline，意思是"蛋黄的或与蛋黄有关的"。17世纪的诗人罗伯特·赫里克[3]曾这样写道：

---

1 Eggs Benedict，本尼迪克特蛋，又称火腿蛋松饼，以英式玛芬（English muffin）为底，上方配搭火腿或培根、煲嫩蛋和荷兰酱。——译者

2 Eggs Florentine，佛罗伦萨蛋，又称菠菜蛋松饼，即将本尼迪克特蛋里的火腿换成菠菜。——译者

3 Robbert Herrick（1591—1674），英国牧师、诗人，本·琼生的高足，作品复兴了古典抒情诗的风格，著有诗集《西方乐土》等。——译者

我将很愿意亲吻我的朱丽叶美味的腿，

它又白又无毛就像一颗蛋。

　　它显示了一种对早餐的迷恋，而这种迷恋还具有令人不安的色情意味，不过它还是没抓住重点。虽然蛋白能给你提供必需的营养，但是真正值得颂赞的是蛋黄部分。蛋黄制成的美味变成了可以用来当作赫里克同时代人所谓的"火腿"（ruff peck）的蘸料，而在我们看来，那只不过是培根肉片（a rasher of bacon，字面意思是"急匆匆的肉"）而已。

　　为什么会把培根叫作"急匆匆的肉"，最早的解释来自1612年约翰·明舒[1]所著的《语言导引》，他解释说，因为培根总是"被匆忙地、仓促地烤熟"。但是现代的词源学家就没这么有趣了，他们认为"急匆匆的肉"隐约与刀片有关。尽管如此，匆匆忙忙烤熟的培根肉片还是可能很容易就会"焦灼"（brizzled），或者说"烧焦到快要燃烧了"。Brizzled是个很可爱的拟声词，模仿猪肉在烧烤时发出的通向美味的嘶嘶声。

　　所有这一切都可以用一杯yarrum（小偷们的行话，指牛

1　John Minshew（1560—1627），英国语言学家、词典编纂家，他出版了最早针对英语使用者的西班牙语词典和语法书，主要作品是一部包含十一种语言的词典《语言导引》（*Ductor in Linguas*）。——译者

奶）冲下去，或者，如果你觉得还轻快，可以来点儿whet，即在大早上喝的一杯白酒，流行于18世纪，但在现在这个枯燥乏味的年代太难找到了。事实上，启蒙时代的人会经常用一种叫作conny wabble的食物作为早餐，即"把鸡蛋和白兰地打在一起"。然而悲哀的是，除了这个描述，没有更精确的食谱留存下来。

事实上，世界上有无数种可能的早餐，这本小书不可能尽数涵盖。可能需要一个经验丰富的完美早餐追逐者去每一个角落和缝隙中寻找。比如，曾经有一个叫作"斯皮塔弗德早餐"（Spitalfields breakfast）的东西出现在一本维多利亚时代的俚语词典里：

> 斯皮塔弗德早餐，在伦敦东区，这个词可以理解为打紧的领带和一根小烟斗。

我认为这个词意思就是在匆忙中穿好衣服，并且把烟草看得比食物还重。如果你再回头查一下俚语词典，更会觉得阴森恐怖。在17世纪和18世纪，死刑几乎可能降临在任何事情上（那时候"澳大利亚"和"驱逐出境"都还没有发明出来），有成千上万种巧妙的辞令和委婉用语用来指代绞刑。你可以"用一根麻制的领带凭空独舞"（dance upon nothing with a hempen cravat）或者"在风中雀跃"（caper in the wind），如果绞刑在凌晨的话，你还可以：

用丰盛的窒息和续随子酱作为早餐——那就是被绞死。

甚至还有一种更加婉转的表达，在1841年的一篇叫作《麻花》（*Flowers of Hemp*）或作《纽盖特花环》（*Newgate Garland*）的文章中被提及。作者在寻找某名罪犯时，被告以如下信息：

"他死于周四早上的素食早餐，那和他的消化系统不太契合。"

"素食早餐！你这是什么意思？"

"意思！哎呀，就是个比喻的说法呀！原来你没有看出来，那就是拉德纳博士对'丰盛的窒息和续随子酱'的微妙表达。"

"先生，活到老学到老，我非常感谢您告诉我这个信息。"我回答道，对这个家伙的极端狡猾我感到难以抑制的厌恶。

因此应该记住的是，当你打扫桌子上的面包屑时，实际情况可能会糟糕许多。

从前，古希腊有一种特殊的奴隶叫作analecta，其工作是在餐后收集面包碎屑。Ana的意思是"起来"，而lectos的意思是"收集的"。这就是为什么将孔夫子的语录叫作 The Analects（即《论语》），也是为什么 1623 年亨利·科克汉姆的《英语词典》中有这样一个条目：

Analects，从桌子上掉落的面包屑。

Conge
告别仪式

告别仪式（conge，发音为 kon-jee）是为启程而做的正式准备。这是中世纪的国王将要出巡或者当美丽的公主即将登船远嫁之前会做的事。然而，如今的告别仪式显得大为混乱，正如你意识到自己快要迟到，却发现没拿手机，手机还没充电，找不到车钥匙，又忘记穿裤子的状况。结果很可能是绕圈奔走 [用约翰逊博士的话说就是陀螺运动（circumgyrating）]。今天的告别仪式包括拿走一切你能够拿走的东西，全部 oxter lift（腋下夹带）走。这个词是个苏格兰方言，意思是尽你所能在手臂和身体之间夹更多东西。

现在，立马冲向门边，大声喊一句："Abyssinia!" 这是用爵士风格说的 "I'll be seein'ya"（再见），就这样，出发去上班吧。

第四章

上午九点：通勤

天气—交通—汽车—公交车—列车—迟到

Weather—transport—car—bus—train—arriving late

09:00 am

The weather

天　气

　　如果死罪获得commute（减刑）变成终身监禁，那是一桩好事。然而，commute（通勤）是件糟糕的事。它们之间的关系，既然你问了，是二者都涉及相互交换（commutual exchange）。绞刑（noose）换成了监禁（cell）；多笔小债务可以换成一笔大债务——在19世纪的美国，单次购买的火车票可以换成一年之内的有效通勤票（commutation ticket），这样可以享有些许优惠。

　　然而，你仍站在大门口。虽说每一趟旅途都是从第一步开始，但据我的经验，每一趟旅途在迈开第一步后，一旦意识到天公不作美，实在不适合穿这身衣服显摆，或是忘了钱包、小酒瓶或弓弩，紧随而来的就是混乱的撤回。所以，让我们来一次"天堂漫步式的"（celivagous或heavenward-wandering）审视吧。

　　最糟糕的天气是"冰雾"（pogonip），这个词是我们从美国的肖松尼族印第安人那里偷来的（和剩余的财产一起），用来形容一种冷到能在半空凝成冰晶的雾。现实的冰雾十分罕见，因为空气中的水分在结晶前要求空气温度降到大约零下四十摄氏度，不过现实情况不应该妨碍我们谈论天气。真正的冰雾通常在极小范围出现，比如阿拉斯加深谷或类似的地方。所以你总是可以声称你所在的街道曾经突然出现过冰雾，并且，没有人能够否认。

非阿拉斯加地区的通勤者更有可能遇上 swale。Swale 这个词被收录在 1674 年的《非常用英语词汇集》（*A Collection of English Words, not generally used*）这本必不可少的词典中，它被定义为：

Swale: *刮风的、寒冷的、阴冷的。*

不需要说明这个词来自北方地区，你甚至也不是真的需要这个定义，swale 本身已经是一个体现刮风、低温、阴冷的词语。它在 wail（悲号）和 windswept（狂风席卷）之间摇摆，还势不可当地暗示着下雨、悲惨和约克郡。

比英格兰北部的天空更悲惨的是苏格兰的天空，事实上他们有一个词叫作"乌云密布的"（thwankin），一本令人沉闷的苏格兰词典对其有这样阴沉的定义：

Thwankin: *形容云，层层叠叠，灰暗阴郁，连绵交错。*

如果是寒风凛冽而且乌云密布的天气，你最好折回去带上你的伞（umbrella）。但是不对！从词源上说，伞是用来遮阳的东西。

遮阳的拉丁语是 umbra，ella 只是一个指小词（表示"小"的后缀）。所以 umbrella 指"一小块阴凉"——就和"阳伞"（parasol）或"遮阳"（defence against the sun）一样——所以，当乌云密布、寒风凛冽的时候，你就需要一把雨伞（bumbershoot）。

Bumbershoot 和 umbrella 指的是一模一样的伞，不过前者表意更恰当。这个词中的 bumber 是 brolly（伞）的变体，加上 shoot 是因为这种伞看起来有点儿像降落伞（parachute）。该词的第一条记录出现在 19 世纪 90 年代的美国，但由于某些原因，对它的使用从未越过大西洋。这真是一件非常遗憾的事，因为这个单词大声读出来时特别动听。

如果没有雨伞，那你可以用"各各他帽"（Golgotha）代替，这是维多利亚时期帽子的俚语，其根据是《马可福音》中的一段话：

> 他们带耶稣到了各各他地方，各各他翻译出来就是髑髅地。

所以，头上戴着各各他帽，手上拿着雨伞，你现在就可以"抖腿走"（hurple）了，在 1862 年的利兹方言词典中，作为动词的 hurple 是这样定义的：

就像一个冬天的早晨衣着单薄的人一样，缩着脖子慢吞吞地走在街上，冷得直打战。"走路的时候抖腿（hurple）可以让身体看上去像在颤抖！"

然而，依然存在着一种可能性，就是当你打开门后，发现天是蓝的，太阳也戴上了各各他帽，天气晴好。虽然这不太可能，尤其是利兹这个地方，不过也还是有可能的。如果天热的话，英语允许你使用几乎任何以 SW 开头的词。比如 sweltering、swoly、swolten、swole-hot、swullocking、swallocky，都可表达闷热。但需要注意的是，swallocky 意味着雷雨即将来临，所以你还是要带把雨伞。

不过，最好的早晨还是"蜘蛛网早晨"（cobweb morning）。这是一个古老的诺福克方言，指那种所有的蜘蛛网上都闪耀着露水，在薄雾覆盖的篱墙中间熠熠生辉的早晨。在那样的早晨，世界"镶着露水结成的钻石"（dewbediamonded），而你甚至会原谅叫你起床的闹钟和逼你离开家门的工作。露水是美丽的东西，据说它是黎明女神欧若拉的眼泪，虽然她为什么而哭一直不得而知。假如你爱好科学，你可以用"露量器"（drosometer）来测量露水。假如你爱好诗歌，你可以细细品味勃朗宁夫人[1]所称的"沉默的甘露"（sweet

1　伊丽莎白·勃朗宁（Elizabeth Barrett Browning，1806—1861），英国女诗人，罗伯特·勃朗宁（Robert Browning）的妻子，代表作有《孩子们的哭声》等。——译者

dew silence)。假如你喜好行动，你可能会担心湿了脚，因为早晨的湿气可能导致灾难性的后果，比如"帅哥陷阱"（beau trap）。

你有没有踩上过一块看起来人畜无害的铺路石，结果却发现下面藏着一个蓄满水的大坑？石块被你的体重压得向下倾斜，于是那令人作呕的恶臭的雨水[曾经被叫作"狗汤"（dog's soup）]便喷到了整个脚踝上，流到了鞋子里。它有一个名字，就叫作"帅哥陷阱"（beau trap），因为它正好毁了精心穿好的花花公子紧身裤。格罗斯1811年编撰的《方言词典》（*Dictionary of the Vulgar Tongue*）中展示了一些永恒的烦恼：

> Beau Trap：指路面上松动的铺路石，下面积着水，一旦踩上去，积水就会喷出来，把白色的长筒袜弄得肮脏不堪；或是指穿戴讲究的骗子，埋伏着，准备对没有经验的乡绅或天真的公子哥下手。

帅哥陷阱最糟糕的结果可能就是鞋子里灌满了水，因此你可以真切地听见水在你的脚趾之间晃荡挤压的声音。有一个词形容的就是这种声音：chorking，正如这首1721年的苏格兰诗歌：

Aft have I wid thro'glens with chorking feet,

When neither plaid nor kelt cou'd fend the weet.[1]

我经常用喔吃落地的双脚涉过幽谷，

格子布和起绒粗呢布都不再抵御潮湿。

事实上，最好还是踩着"高跷"（scatches）去上班。1721年的词典里把它定义为可以把脚放进去的支撑物，用来通过肮脏的地方。这个词表达出的平衡感和海拔感，无疑会引起邻居们对你的羡慕。此外，高跷还可以确保女士的裙子不会daggled，即裙角沾上泥巴。但是我可以想象，踩着高跷需要相当多的练习，并且工作的时候也不容易收纳，所以你不妨换用backsters，即放在软泥上的垫脚木板，人们如果想要在海边散步但不想把鞋子或衣服弄脏，就可以放上它。

那就这样吧。身后的门已经关上了。所以是时候检查一下你是否带了钥匙、手机、皮夹或者钱包。这需要你"摸索"（grubble）下你的口袋。这个词和grop很像，不过没那么有序。"摸索"是一个常和口袋搭配的动词，但也可以用于在塞满各种小工具或不知名的东西的桌子抽屉里摸索。这个词甚至还有一种和口袋无关的性别含义，但这种用法很少见，似乎只有诗人

---

1 当诗人们想不出一个押韵的词的时候就发明了苏格兰方言。

约翰·德莱顿[1]使用过。在翻译奥维德的《爱的艺术》时，他机智地这样安排与情人的相见：

> 我会在那里，我们不会错过，
>
> 可能要摸索，至少会亲吻。

当你无可辩驳地确信自己忘记了钥匙、你的皮夹或钱包空空如也或者手机没电了，那你现在就可以确定，不论做什么都已经太晚了，于是可以迈着阔步（incede）上班。或者，如果阔步对你来说要求太高，你可以"沉重地走"（trampoose）向你选择的交通方式。

Transport

交　通

往返劳动地点的方式是如此之多，精于词典编纂的人很容易就迷失在这些词语之中。据老普林尼记载，在奥古斯都·凯撒的

1　John Dryden（1631—1700），英国桂冠诗人、剧作家、批评家，著有诗歌《奇异的年代》、文学评论《论戏剧诗》等，文学史家把他创作的时代称作"德莱顿时代"。——译者

时代，有一个小男孩成功地训练了一只海豚每天早上送他上学，由这个故事诞生了英语单词"海豚车"（delphinestrian）。不过在缺少海豚的时候你还可以用"鞍椅"（cacolet）将就，即为了方便通行比利牛斯山[1]的游客而安置在驴身上的舒适的筐子。你甚至还可以"用手臂吊荡树枝前进"（brachiate），这个词专门用来形容像人猿泰山那样悬荡着穿过丛林。这种方式让上半身得到了充分的练习，但是要求在你上班的地方和你家之间有连续不断的树枝。如果你有足够多的马匹并且睡眠不足，你可以选择"马床"（besage），那是用四匹马的背运送的床。我想说"马床"是我听说过的最好的交通方式，只是我还不清楚如果乘客还在小睡的话马怎么知道该走哪条路。要是把一个人放在床上还不允许他睡觉，那可太残忍了。如果曾经有过补救马床问题的方法，唉，也没被记录在《废弃英语和地方英语词典》（*Dictionary of Obsolete and Provincial English*）中。

汽车

说起乏味的交通方式，让我们从汽车开始。在《列王纪》中，

1　比利牛斯山脉，位于欧洲西南部，是法国和西班牙的天然国界。——译者

上帝明确了他一点儿也不喜欢亚哈。事实上，他要把"亚哈家族中，凡是对墙小便（pisseth against the wall）的都除掉"。这实际上是一个相对常见的古希伯来短语，意思是"家中所有的男丁"。不管怎样，上帝选了一个叫"耶户"的家伙（jehu，发音为 gee who）前去。于是耶户跳入马车，出发要去杀王。王的守卫看到驶近的马车，急忙前去告诉王说："车赶得甚猛，像宁示的孙子耶户的赶法。"因为圣经里的这句话，英语词汇里引入了这个名字，"耶户"（Jehu）成了"凶猛司机"不朽的代名词。

如果你正在一条"乱肠道"（jumblegut lane）上开车，做一个"耶户"会尤其糟糕（或者尤其美妙）。"乱肠道"是 18 世纪的词，用来指代特别颠簸的道路，这个词的来源太明显了，完全不需要再多做解释。然而，撇开耶户和乱肠道不谈，你很可能会赶上交通"血栓"（thrombosis），在那里，大城市里的静脉与动脉道路被道路施工造成的栓塞和破碎的"血块"阻塞。于是耶户只好一动不动地坐在马车里，满眼妒忌地凝望着公交专用道。

公交车

公交车 bus 的复数当然是 buses。但是，bus 的复数形式本应该是 bus，这在词源学上是一段令人好奇的历史。"公共车辆"

（voiture omnibus，或 carriage for everybody）在1820年时被引进到巴黎，其复数形式应该是voitures omnibus，因此它的缩写形式本不应该受到丝毫影响。[顺便，同样的情况也适用于"计程式出租车"（taximeter cabriolet）。]

公交车的核心问题在于，你需要等上好长时间，然而一辆也等不到。这种等待[或者说"期盼"（prestolating）]是一件痛苦的事，尤其是通常天还下着雨，你蜷缩在公交站台里，感觉那里简直像"救济院"（xenodochium）或给朝圣者准备的青年旅舍，里面住满了盯着路面乐观等待戈多到来的人。

当你的公交车终于来了，它很可能是个"千人身"（chilia-nder）。这一刻你要快速移动上去，就像一个想要进入卵子的精子。一旦进到里面，除了挤（scrouge），你再没有其他选择了，《牛津英语词典》对此的解释不无裨益：

> 通过挤压（某人）的方式造成妨碍；以坐或站的方式来侵占（某人的）空间；此处，还指推或挤压（某物）。

但你必须要挤，而且是凶猛地挤，一边还要小心chariot buzzer，即在公交车上作业的扒手。但是既然这是个维多利亚时代的词，你应该凭着古旧的着装就能够认出他们。

玛格丽特·撒切尔[1]从来都没说过"三十岁之后还坐公交车的人是生活的失败者"。不过，诗人布莱恩·霍华德[2]就还是坐。这话听起来真是势利。但考虑到霍华德总共才出版过一本严肃的诗集，一部关于他的传记还被冠名为《一个失败者的肖像》，人们肯定认为，他独自在公交车上度过了很长时间。

无论如何，三十岁以上的人如果想要看起来像成功人士，但却和汽车或飞行器无缘，那他或许应该选择搭乘地铁或轻轨。

列车

列车也有列车的麻烦。首先，你要单枪匹马在车站里开辟出一条路。为了成功登上列车，你得避开那些手里拎着沉甸甸的、时不时会把人撞出瘀青的手提箱四处乱转，很像是在做布朗运动[3]。

导弹设计师会用到一个词——balladromic course（火箭进

1　Margeret Thatcher（1925—2013），英国前首相（1979—1990），英国历史上第一位女首相。——译者

2　Brian Howard（1905—1958），英国诗人，后来成为《新政治家》（*New Statesman*）杂志的作家。——译者

3　布朗运动（Brownian motion），微小粒子表现出的无规则运动。1827年英国植物学家R.布朗在花粉颗粒的水溶液中观察到花粉不停顿的无规则运动。——译者

程），指的是火箭针对目标选择的路径，在飞向既定目标的过程中，火箭无视一切，运行速度甚至能超过3马赫[1]。以下大概就是抵达车站广场的最好方法：首先，弄清楚站台的位置，然后做好为一丁点儿小事就暴发的准备。时刻保持"火箭进程"。

如果你更倾向于和平主义或反战主义，你总是可以gain-cope，意思是"穿过田野走最近的路"，这个词更加适用于"欢乐英格兰"[2]时代的牧场和草地。但你真正需要的是whiffler（开道者）。

如今，即使有开道者，数量也是极少的，我对此感到百思不得其解，毕竟在车站入口做开道者能在高峰期赚得盆满钵盈。根据《牛津英语词典》，whiffler的意思是：

> 手持标枪、战斧、剑或棍棒、身披链子甲的侍从，被雇来保障行进队伍的畅通无阻。

当然，全职开道者（如果你能雇得起的话）在各种场合都能派得上用场，诸如圣诞节购物或者鸡尾酒会。但在上下班高峰期，开道者不仅有用武之地，而且是不可或缺的。若没有开道者为你

1　马赫为速度单位，1马赫≈340.3m/s，即1倍音速。——编者
2　"欢乐英格兰"，是指建立在英国社会和文化基础上田园牧歌式的生活方式和乌托邦观念，在中世纪和工业革命之间的历史时期尤其普遍。——译者

开路，你很有可能会变成"杀戮狂"（hemothymia），精神病医生称之为谋杀冲动，或者更准确地说，杀戮欲。

如果你不幸陷入这种令人狂怒的无助，想要用弓箭射杀与你一起通勤的人，你会欣慰地发现，英语中已经为你准备了一个相应的短语。格罗斯的《通俗语词典》（1811）中有这样一条：

Have among you, you blind harpers（你们这些人群里的瞎眼竖琴师）；用于表达在人群中随机放箭射击的行为。

说完这句高深莫测的话之后，查票员就把你扑倒在地了。

一旦成功上了列车，你便能悠闲地坐下来，喝喝咖啡，读读报纸，甚至看着讣告都能咯咯笑出声。顺便说一句，咖啡杯外面那个防止烫手的东西是"隔热套"（zarf），而把报纸称为"尖叫单"（scream sheet）会更有趣。

当然，如果列车内已经人挤人（thringed）、人头攒动、水泄不通，以至于你都无法找个座位坐一坐，那就另当别论了。这跟在公交车里推推挤挤或者堵在水泄不通的路上相比，到底孰轻孰重还真不好回答。我只知道疼痛是可以用"测痛计"（dolorimeter）来测量的，其标准单位是"剁"（dol）。

Clocking in
上班打卡

等你到了工作地点附近时，就该看起来精疲力竭、满身青肿、千疮百孔、懊恼沮丧，总的来说，就像是破门而入般地闯进了21世纪的生活。从现在开始，再没有什么比通勤更糟糕的了，所以形势在逐渐好转。为了以示庆祝，你或许想悄悄来一杯"晨饮酒"（dew drink），就是在开启工作日前喝的啤酒。这会更加延误你的工作，但按照现在的情形，你已经几乎不可避免地要成为最后到的（postreme）了，并且你的迟到很难说是你的错，要怪只能怪交通/列车/公交车司机/心存报复的上帝，或者其他诸如此类的原因，一杯晨饮酒似乎就是你此刻正需要，也正应得的。

一旦你恢复了精力，便能昂首阔步地走进"临时禁闭处"（barracoon），或者说奴隶仓库，以饱满的精神状态准备迎接一天的工作。当然，你没有阔步走进临时禁闭处：工作间的正确进入方式是"急窜"（scuddle）进去，对此约翰逊博士这样定义：

Scuddle：佯装很急促地奔跑。

不论你多么慢地走上门前的台阶都没有关系，怎样停下来欣赏天空中美丽的云朵也无所谓，真正进入办公室的瞬间一定是急匆的。正确的方法是急促地换几口气使自己看起来上气不接下气。你喘一口气，狠狠地掐一下两颊，然后往门的方向猛地冲过去，在闯进去的那一刻砰地把门关上，然后蹒跚着在办公室中间停下。欲言，又止。你完全喘不上气，就像一个几乎要溺水身亡的人那样吞咽着空气。最后，你睁大无辜的双眼凝视着周遭环境，在急匆表演结束后，你终于能够看上去极其真诚地问一个似乎你并非早已知道答案的问题："我迟到了吗？"

第五章

上午十点：晨会

保持清醒—听—辩—对、错、谁在乎？—中立派—保持沉默

Staying awake—listening—arguing—yes, no, who cares?—mugwumps—keeping quiet

10:00 am

办公室是个奇怪的地方，即使是在那儿工作的人也不确定他们中间发生了什么。不过一天常常从晨会开始，在会上，每个人都会下决心去做接下来一整天都做不好的事。晨会一般都是围着一个小桌子开，或是就在一间非常现代化的办公室里。参会者都站着，甚至走来走去，这是一种奇怪的游牧习性，叫作"行走会议"（pedeconferencing）。事实上，如果照此发展下去，未来的办公室晨会将会办一场全力冲刺的比赛，获胜者可以当一天的老板。

中世纪的行业公会称之为"晨讲"（morn-speech），古希腊人叫"颂词"（panegyric），中世纪的教会则把它叫作"教会会议"（synod）。在土耳其，国家议会被称作divan（底万），在此之后，家具也以此为名——所以在弥尔顿的《失乐园》中，当所有的地狱魔鬼"从黑暗的底万中升起"（rais'd from their dark divan）时，和舒适的座席是没有任何关系的。不过，最适用于会议的单词是latrocinium。

严格来说，latrocinium是一种强盗委员会。所以，当需要决定接下来偷什么时，阿里巴巴和他的四十个同伙就会在神奇的山洞中举行一场四十一人的强盗会议。一场会议是不是强盗会议取决于每个办公室成员的良心，但是由于这个单词很难理解，而且听上去和"公共厕所"（latrine）极为相似，它可以被用于各种可能的场合。并且，latrocinium一词有着深远的历史。对这个词的首次应用是在第二次以弗所会议（Second Council of Ephesus）上。这场于公元5世纪召开的重要教会会议旨在确定基督的本质、哪些人应该被烧死。由于会议太过混乱喧闹、不合人意，教皇宣布所有决议一概无效，称之为"强盗会议"，然后又在迦克墩（Chalcedon）举行了另一场会议，推翻了之前的所有决议。就像大多数的早晨一样，大多数的晨会都会在某一天被重新评价，而"强盗会议"也会得到共鸣。

那么，大家都到齐了吗？当你看会议记录时，不管是董事会、年会，还是庆祝会，你都会在靠近最上方的记录中发现一个烦琐的短语，"抱歉缺席"（apologies for absence），或是某些非常啰唆的说法，"抱歉无法到场"（apologies for non-attendance）。这些都可以弃用了。你知道，单用一个词（而且极为恰当）就够了：essoinment。

Essoinment 是 essoin 的名词形式，《牛津英语词典》对 essoin 的解释是：

为某人未能按时出庭提供理由；为缺席找理由。

所以会议记录需要的只是附上缺席名单的"缺席理由"（essoinment）。一旦给出了缺席理由，就可以开始商议（或是一起犯蠢）了。

Eutychus in the boardroom
会议室里的犹推古

在任何会议中，一定会有某个人一直说个不停，这个人通常就是第一位发言者。发言者是不是圣保罗本人并不重要，正如《使徒行传》第二十章的这段记载：

> 七日的第一日，我们聚会擘饼的时候，保罗因为要次日起行，就与他们讲论，直讲到半夜。我们聚会的那座楼上，有好些灯烛。有一个少年人，名叫犹推古，坐在窗台上困倦沉睡。保罗讲了多时，少年人睡熟了，就从三层楼上掉下去；扶起他来，已经死了。保罗下去，伏在他身上，抱着他说："你们不要发慌，他的灵魂还在身上。"

如果有人曾和你讲述早期基督教徒的激情和狂热，这是一个你需要记住的故事。事实上，如果在现世或来世有任何审判的话，犹推古将会是布道时打盹的人的守护神。

有各种各样准确专业的词语可以用来形容某人让你觉得厌烦。比如，在亨利·科克拉姆（Henry Cockeram）1623 年出版的《英文词典》（*English Dictionarie*）中，有一个词是 obganiate，他给出的定义是"通过重复某一件事让人觉得不耐烦"，这个词来自拉丁语的"咆哮"（growl）。所以，如果某一观点被用无数种不同的方式重复了无数遍，你就可以边点头边嘀咕 obganiation，就好像这么说很有礼貌似的。

如果 obganiation 一词实际上指的是重复某一特定词语，比如 teamwork、delivery 或 chryselephantine，这就成了复说性口吃（battology）。这个词是以一个名叫巴图斯（Battus）的古希腊时期的国王的名字命名的，巴图斯建立了昔兰尼城（Cyrene），但却是因为口吃才被载入英语词汇。如果一个词重复出现太多次，就会失去所有的意义，纯粹只是一串飘荡在会议桌四周的声音。这就是语义饱和（semantic satiation）[1]，或者叫作"意义的流逝"。

但是恼人的不只是重复，主要是有的谈话毫无意义。比如，对于客户怎样应对一些不可能发生的事，或是二十年后公司会发展到什么程度，我们思考不出什么结果或观点。这种无意义的思考严格来说就是无效论述（mataeology），而这样的思考者就是无效论述者（mataeologian）[2]。尽管这个贬义词常被用在神学家身上，但它在企业中就如同在大教堂中一样流行。

1　一种心理学现象，指的是人在重复盯着一个字或者一个单词长时间后，会发生突然不认识该字或者单词的情况。此过程仅为暂时，心理学上认为其原因是人的大脑神经如果短时间内接收到太多重复的刺激，就会引起神经活动的抑制，造成对常用字突然不认识的现象。——译者

2　Mataeology 来自希腊语 mataios 和 logia，分别指"无意义的"和"话语"。相同的词根还产生了英语词语 mataeotechny，指"不能盈利的或无用的科学技术或活动"。

Listening

听

整个过程中，你看起来仿佛在听。如果你是真的在听，那就更好了，但我们还是从简单的目标开始。伊夫林·沃[1]在晚年时还戴过喇叭形助听器。很可能并不必要，但他在交谈时会很显眼地把它戴在耳朵上，如果他感到无聊了，有时正是你话说一半的时候，他会很显眼地把它放到口袋里。这是一条下策，除非公司是你开的。

演员彼得·洛[2]逃离纳粹并设法在伦敦见到希区柯克时，采取的方法则显得高明许多。洛不懂英语，但由于希区柯克对自己的声音极度迷恋，这根本不是问题。当洛必须要说话时，他就说"是的"。在剩下的时间里：

> 我听说（希区柯克）喜欢讲故事，于是我就像老鹰一样盯着他看。当我认为他的故事讲到了精彩之处时，就突然发出一阵大笑，险些从椅子上摔下去。

1　Evelyn Waugh（1903—1966），英国作家，代表作有《衰落与瓦解》《受爱戴的》等。——译者

2　Peter Lorre（1904—1964），生于斯洛伐克，犹太演员，代表作有《卡萨布兰卡》《姐妹情仇》《疯狂世家》等。——译者

如果你采纳这个方法并且把大笑换成点头，那你就做到了晨会时所有需要做的事：你已经成了"狡猾点头者"（nod-crafty）。

"狡猾点头者"在《牛津英语词典》里的定义是"惯于带着睿智的表情点头"。一旦发现了狡猾点头者，你就会发现他其实无处不在。那些被请来在电视里采访别人的人就是狡猾点头者。事实上，因为许多采访都只用一个朝着被采访者的摄像头拍摄，事后他们需要重新拍一组只有采访者点头的画面。在业内，他们被称为noddie（该词有"傻瓜"之意）。W. H. 奥登[1]在1969年指出，很多医生都是狡猾点头者，尽管《牛津英语词典》里没有收录1608年后的任何用法。最适合观察狡猾点头者的地方是艺术画廊，在那里，最精通狡猾点头的人会靠近一幅画，停住，抬起他们审美家的下巴欣赏一秒钟，最后露出一个微笑，点头。但画很少向其点头回应。

办公室会议上，狡猾点头的同时还可以做出"梳状交错"（pectination）的动作，就是将手指像两把梳子（梳子的拉丁语是pectin）一样交叉。梳状交错的手指加上一颗像摇摆木马一样的脑袋，应该足可以让你安然无事地撑完会议，尤其是如果你还

---

1 W. H. Auden（1907—1973），出生于英国，后为美国公民，现代诗人，多产的作家。——译者

足够聪明，知道要闭起嘴巴玩"闭气"（mumbudget）的话，这个可爱的老词可以用来表示保持沉默。

我必须提醒你，托马斯·布朗爵士在他的《流行讹误》（*Pseudodoxia Epidemica*，1946）中写道：

> 跷起二郎腿，或者把手指梳状交错，或者闭嘴，这些都被认为是恶习，朋友们会劝我们不要这样做。

就是在这样的时候，你才知道谁是你真正的朋友。

Argument

论　证

不过，有时候好人也得表态，即使是在晨会的时候。有时候你不能再坐在那里沉默地忍耐（longanimity），必须要站起来为自己信仰的东西说话，比如舒适的椅子、新的打印机。在这些时候你应该记起元老院面前的西塞罗、雅典人面前的苏格拉底、彼拉多面前的耶稣，以及他们最后都死了。所以最好还是效仿伊夫林·沃《独家新闻》（*Scoop*）中科珀勋爵的下属：

当科珀勋爵说对的时候，他就说"绝对是这样，科珀勋爵"；当勋爵说错的时候，他说"某种程度上是"。

你绝对不能只是"执拗地讲"（ding）给人听，ding这个词来自18世纪，用来指代跟一个人讲他实在不想听的话。如果你告诉对手他们是傻子，宁愿问一个拉比喜欢五花肉还是后腿肉也不愿采纳他们对创新合作的建议，那就是无理取闹。最好还是用这样的话开场："请允许我有不同意见（discept）。"然后，在大家有时间找到词典发现discept的意思是"完全不同意"之前，你可以继续说："我明白你所说的，那是'空口说白话'（ultracrepidarian）。"小心点儿，要把重音放在ultra上，因为带有ultra的词听起来总是很酷。

"空口白话主义"（Ultracrepidarianism）指的是"对你自己完全不了解的话题给出意见"，这是一个非常实用的词。它是由随笔作家威廉·黑兹利特（William Hazlitt）引入英语的，这个词可以追溯到伟大的古希腊画家阿佩利斯（Apelles）的故事。

故事说，阿佩利斯过去常常把他的新作品摆在外面公开展览，然后自己躲在柱子后面听人们的反应。有一天他听见一个鞋匠说他把鞋子全画错了，所以他拿走了画，修改了鞋子部分，第二天又把画摆出来展示。

鞋匠回来，看到阿佩利斯采纳了他的建议，便很骄傲和自大，又开始大声说他觉得腿有什么问题；就在这时，阿佩利斯从藏身的地方跳出来大叫 "ne sutor ultra crepidam"[1]，大意就是 "鞋匠不会走得比鞋子更远"。因此，ultracrepidarian 的字面意思就是 "超越鞋子"。

假如在座没有人知道这个小故事，你便可以肆无忌惮地使用 "空口白话" 这个词了。

虽然这不能提供 "决定性的打击"（sockdolager），或者在辩论中获胜，但会赋予你一种把任何没有词典的会议搅乱的严肃、神秘的气质。你的进攻不应该止步于此，而应该带着汪达尔人洗劫罗马的凶猛坚持到底。事实上，这时候应该把卡贝尔·卡洛韦的所有词典都放在你同事们的屁股底下。

Yes, No, Who cares?
对、错、谁在乎？

卡贝尔·卡洛韦是20世纪三四十年代的一位乐队领袖。他继

---

1 阿佩利斯是希腊人，但这个故事的唯一版本是用拉丁语写的。

艾灵顿公爵之后加入棉花俱乐部（cotton club）[1]，使《米妮公主》（*Minnie the Moocher*）大获成功。他乘坐私人火车游遍美国，火车上放着自己的绿色林肯车。在纽约，既不喝酒也不泡妞的时候，他写下了一本词典。

《卡贝尔·卡洛韦的颓废派词典：隐语》在1938到1944年间发行了六版，甚至还包括测试部分和文章翻译。编写的初衷是，寂寞的美国人无论是被放逐在中西部，还是在偏远南部或者叫不上名字的北部，都可以给自己准备一套纽约城的行话。这套话语还可以在今天的办公室里使用，效果惊人。

你需要有一点点准备。从身体上来说，如果你坐姿正确，就可以只用颓废派的隐语讲话了：瘫在椅子里，眼睑半闭，双腿在桌子下面疲惫地伸展着。如果你有一根牙签，那是极好的。如果你有一套淡黄色的西装和一把汤姆逊冲锋枪，那就更好了（虽然你得先咨询人力资源部公司的着装要求和办公室条例）。现在，假设你想告诉发言者你完全同意，并且希望主动执行他们的提议，那么敲敲你的手指，露出一点儿牙齿，用最深沉的声音说："我欣赏（dig）你的'旋律'（lick），宝贝，我欣赏你的'旋律'。"

1　20世纪20到40年代纽约市一家很受欢迎的夜总会，会场里有许多当时极受欢迎的艺人，包括钢琴家艾灵顿公爵，爵士歌手、乐队领袖卡贝尔·卡洛韦。——编者

这里的"旋律",指的当然是用管乐器或者钢琴演奏出的一段固定旋律,通过隐喻的手法被应用到办公室场景,"欣赏"指的是……好吧,指的是没有理由的喜爱。

你甚至可以表现出冷淡的态度让事情看起来很愚蠢。比如,如果有人唠唠叨叨没完没了地说着与会的每个人都知道的东西,那你就专心地将身体前倾,用威胁的目光盯着他的脸说,"我们都呼吸着自然的气体"。这句话通过类比,暗示的是:他们自以为率先发现的信息,其实已经寻常如空气了。

有句简单的话可以很恰当地表达完全不同意的意思,I don't go for that magoo(我不赞成那点),然后就能结束这个话题了。

这就是"对""错"和"谁在乎",这是生活中真正需要的东西,通常要比你在办公室里所需要的多。如果你愿意的话,还可以把这条原则贯彻得更加彻底。如果可以回到维多利亚时代的伦敦做一个面容甜美的孤儿,或者狄更斯笔下一个营养不良的清洁工,为什么要停留在20世纪30年代的纽约呢?当然,那对服装的要求更高,但如果会议室里刚好有烟囱,那你就可以在关键的时候从里面冲出来,大叫一声"那太逗了,先生",用以表达同意的意见。"我正呼吸着自然的气体"这句话还有一种同等的表达,即"我看过大象了,朋友(I've seen the elephant, chum)"。这句话指的是一个现象,在维多利亚时代的英国,巡回马戏团使

大象对大众而言成了寻常之物，除了最土的乡下人。"错"（No）
还可以用一句神秘的"锯你的木材"（Saw your timber）来表达。

Mugwumpery
中立派

无论你选择哪个时代，使用哪个习语，一旦发生争论就会
把大家都牵扯进来，这一点总是毫无疑问。对此，温切斯特公
学的学生发明了一个词mons，意为每个人都可以出于不明原因
跳到一个男孩的头上。你们组织的不再是一群殚精竭虑的专业
人士的"秘密聚会"（conventicle），而是嘈杂的集会（Dover
Court）：全是说话的人，没有倾听的人。[1] 这时候就需要和事佬
（mugwump）插足了。

"和事佬"是个贬义词，指的是负责平息小吵小闹和派系斗
争的人。所以当你的上级试图像一位公正无私的天使般在会议桌
上做出调解时，他就是在扮演着和事佬的角色。

1　位于埃塞克斯的多佛考特镇（Dover Court）里有一座栩栩如生的耶稣受难像，这可
能就是它的出处。显然，这尊受难像执意要教堂的门永远敞开，因此喋喋不休的朝圣者
纷至沓来，这可能也是该词的出处。不幸的是，1523年，新教徒将这座十字架付之一炬，
我们再也无法向它征求意见。

因此，"和事佬"这个词大有用武之地。它听起来就很可笑：ug和ump暗指单调乏味的蠢事，语境则赋予了它意义。

该词的来源非常奇特，与第一部美国圣经有关。

17世纪有个名叫约翰·艾略特（John Eliot）的小伙子，他是一位改革派、清教徒、美洲大陆的殖民者。他想要美洲原住民万帕诺亚格人（Wampanoag）皈依基督教。为此，他需要将《圣经》翻译成本土语。他学习了当地的方言，然后开始创造一套书写系统，以便记录下来。最终于1663年，艾略特麻州方言版的圣经问世：即美洲首部圣经。

艾略特面临着翻译中的永恒难题：如何找到合适的词语来表达某种语言里并不存在的概念。万帕诺亚格人既没有百夫长、船长，也没有将军。那么，在《圣经》中遇到这类词汇时，他是如何处理的呢？他决定将所有类似的词都翻译为万帕诺亚格方言中的战争领袖，即mugquomp。

"和事佬"这个词消失了一百五十年，直到19世纪早期才再次出现，用来揶揄老板。[1]

1　时隔如此之久，有人认为约翰·艾略特的mugquomp与19世纪的和事佬（mugwump）无关。《牛津英语词典》认为没有理由把这两个词联系起来。如果不是mugquomp在1828年第一次被引用于佛蒙特，我就相信了《牛津英语词典》的说法。佛蒙特州位于万帕诺亚格人家园的北部，仅此一点便能说明这绝非巧合。这个词的第二次引用是在1832年的罗德岛，罗德岛恰好位于万帕诺亚格人领地的中心地带。如果该词再次出现的地点是在加利福尼亚或者多塞特，我会认为这完全是个新造的词。但是从地理位置关系来看，和事佬（mugwump）就是战争领袖（mugquomp）这一点毋庸置疑。

有两种应对方式应对"和事佬"。第一种是胡拉乱扯，大声喊叫"快决定吧，霍顿斯！"（Get off the fence, Hortense!）20世纪中叶，美国人痴迷于在句尾押韵，这就是个典型的例子。再比如"再见了，鳄鱼"（See you later, alligator）；"今天有什么日程安排，布兰达？"（What's on the agenda, Brenda?）；"虽然第三季度的销量不佳，但我们有信心，我们的销售团队在这个前景不错的领域将会大有作为，赫克特。"（The figures from the third quarter are disappointing but we're confident that we have the sales team in place to make progress in this exciting sector, Hector）。

第二种方式是欣然接受，然后"互相吹嘘"（log-rolling）。互相吹嘘这个词来自 You roll my log, and I'll roll yours（与人方便，与己方便）。因此，"互相吹嘘"指的是双方无聊透顶的互相吹捧，一味地抬高对方，贬低自己。甚至有一个专门的术语 literary log-rolling，用来讽刺那些为别的作者枯燥、冗长的作品撰写好评的人。本书封底就是一例。

Discretion
判断力

好的，一旦喜欢争论的人（contekor）停止争辩，便算是尘埃落定了，每个人都对一系列犹豫不决（aboulia）、杞人忧天（periergy）的议题下定了决心。晨会终于圆满收尾，再继续下去便多余（supervacaneous）了。最重要的是，要趁有人揭短（tacenda）之前赶紧离开。Tacenda指的是那些不该说的话，比如公司实际上已经破产，公司雇员过多或者雇用童工，或者以上三条全占了。事实上，揭短是会议议程的绝对对立面：那些不能说出口的（nefandous）话绝对不能在同事面前说出来，但必须要以沉默的方式虔诚地敬献给古希腊那位令人敬畏的沉默之神——哈尔波克拉特斯。

接下来你要做的是，信守沉默之神的誓言，拿好自己的东西，迅速冲出会议室。你们甚至还有时间办一场短暂的酒会（a quick earnder），earnder是约克郡的方言，指的是晨酒会。

第六章

上午十一点：休息一下

咖啡—八卦—怀疑—香烟

Coffee – gossip – incredulity – cigarette

11:00 am

自人类第一次掌握时间概念以来，十一点就被当作上午休息的神圣时刻，是喝茶或咖啡的神圣时光，也许还有饼干。时钟敲过十一点的那一刻，马上停止活动。

即使是熊也会把这段时间用来进食闲逛，正如《小熊维尼》（*Winnie the Pooh*）第一册的第二章所写：

> 维尼总喜欢在上午十一吃点儿东西，看到兔子把盘子和杯子取出来，他非常高兴；当兔子说，"面包配蜂蜜还是炼乳？"他很激动地说："都要！"接着，为了让自己看上去不那么贪吃，他补充道，"不过面包就不必了，谢谢。"

表示午前点心的词有很多：elevenses（肯特方言）、dornton（北部方言）、eleven hours（苏格兰方言）、elven o'clock（美国方言）和elevener（萨福克方言）。其中最恰当的表达是elevener，因为它可能包括饮料或酒水，而其他说法都指向绝对戒酒主义（teetotalitarian）。

当然，你绝不能偷懒。积极主动地把咖啡或茶煮好很重要。[1]

1　18世纪，人们常常将茶和咖啡混合，称为混饮（twist）。基于学术目的，我亲自做了试验，强烈建议大家不要做此尝试。

当水壶发出咕噜咕噜（thrumble）的响声时，你可能正忙着找杯子和勺子。而且这个水咕噜声将会召唤出全部的办公室八卦。

总想知道最新八卦和丑闻的人的是quidnunc，这个词是拉丁语里的"现在怎么样"（what now）。打听小道消息的行为通常被叫作quidnuncism，稍微好听一点儿就是quidnuncery。还有一个替换词是numquid，意思一模一样，就像是用now what代替what now。所以当茶正在煮着、水正在冷却，或是咖啡滤纸还在渗透的时候，就该开始压低声音说话（quother）了，悄悄地谈人事任免、"啪啪啪"之类的八卦或谣言。

即便你不想知道"现在怎么样了"，也还是会有人来告诉你。下面这个短语来自18世纪后期的俚语词典，但在今天听起来仍无比真实：

> FIRING A GUN：指牵强附会地引出一个故事。有一个人想讲某个故事，于是对同伴说，听！你听到枪声了吗？——既然说起枪了，我就说一个关于枪的故事。

现在，谣言、无稽之谈（furphy）和奇怪的消息通通都出来了——纯粹是作为"夸夸其谈者"（rawgabbit）和"消息收集者"

（spermologer）的乐趣。如果你想知道的话，rawgabbit指的就是某些极其自信地谈论完全不懂的事物的人，他们会把你拉到一边，小心翼翼地在你耳边说合规主管和IT部的新人之间有一腿。你知道这完全不是真的，因为跟合规主管有一腿的是你，并且，IT部的招新还没开始。然而，spermologer却不可以让自己显得知道很多，做一个这样的人并不像听起来那么讨人厌，虽然这个词来自希腊语，指"收集种子"，但在英语中是一种隐喻的用法，指八卦收集者和下流谣言的追寻者。

你可能开始觉得自己身处"二战"士兵所说的"困境"（bind）中了。

Bind，这很有可能是空军行话中最常用的表达。可以用来形容一个被过时消息所困扰的人或总是知道内幕的人。

所以：

Binding rigid，就是指不停兜售过时的消息。

Disbelief
不相信

实际上，虽然我们离茶水间更近，但最精彩的谣言是发源于盥洗室的。来源于盥洗室的故事有一个专有名词latrinogram，其中，gram指的是希腊语里的写作，latrine指的是厕所。这个词最早出现于1944年，是一则英国的军事用语，对诺曼底登陆日期的猜测就是在厕所里进行的。战争时期的厕所作为八卦来源地，是如此流行，以至于它还有一个更早出现的类似版本：elsan gen。在一部1943年的军队行话词典中，它被如此定义：

> Elsan gen：不可相信的新闻。（字面意思是"在男厕所里发明的新闻"，elsan是装备在轰炸机上的一种先进的化学马桶的品牌。）

我不确定怎么把两个人装进英国皇家空军轰炸机的厕所里，或者说，为什么你要坚持这么做。在发动机的轰鸣和振颤声中正常地交换劲爆的报道还挺难的。所以我总觉得Elsan gen是一种委婉的说法，指的是在质量上等同于从这样小房间里产生的东西的信息，因此它们只适合被排到轴心国的疆土上。

如果俚语靠得住的话，第二次世界大战时期的士兵似乎在八卦上花了和战斗同样多的时间。除了 Elsan gen，他们还有 duff gen（坏的）、pukka gen（好的）和 gen king（就是那种在八卦发生之前就已经知道了的家伙）。

所有精彩的谣言都是假的。你越是想要相信一个好故事，这个故事就越可能是一派胡言（flim-flam），表示胡扯的词还有 flumadiddle、fribble-frabble、effutiation、flitter-tripe、rhubarb、spinach、toffee、waffle、balductum 和 bollocks。

所以问题变成了你应该如何应对 Elsan gen。最礼貌的方式是告诉对方他是个"造谣者"（controver），这是一个废弃词，指的是"发明虚假八卦的人"。尽管这个词在 1721 年的词典里有记录，但是出于某种原因，这个词再也没有出现在后来的词典里。这种奇怪的消失意味着你可以随心所欲地称某人为"造谣者"，然而对方却不知道你是什么意思。这样一来，办公室社会里的齿轮就可以保持润滑了。

还有一种替代的方法，你可以像维多利亚时代的人一样，大声惊呼某个故事是 "all my eye and Betty Martin"（胡说八道），这个短语的来历非常特殊。故事是这样的：一个英国水手碰巧走进一家国外的天主教堂，听到了一场祷告，当然，对他而言就像胡说八道，因为对方用的是拉丁语。据水手回忆，他们当时说的是"我所有的眼睛还有贝蒂·马丁"（all my eye and Betty Martin）。祷告的原文可能是"请为我祷告，蒙恩的马丁"（Ora pro mihi, beate Martine 或 Pray for me, blessed Martin），图尔的圣马丁是守门人和改过自新的酒鬼的主保圣人。除此以外，也可能是"请蒙恩的圣母为我求"（Mihi beata mater 或 For me blessed Mother），就是把贝蒂·马丁当成了圣母玛利亚。所以，如果你想确保没有亵渎神灵，可以简单地把讲故事的人叫作 blatherskite（爱说废话的人）或者 clanjanderer（骗子）。你还可以从以下这个词条中学到经验：

> DICK：在迪克（Dick）女王统治时期发生的事，即从来没有发生过的事。指的是那些荒谬的老故事。"我和迪克（Dick）的帽带一样不对劲儿"（I am as queer as Dick's hatband），指的是无精打采，或者不知道是什么使我苦恼。[1]

这是我个人最喜欢的一个词条，往往要让别人花几秒钟琢磨一下。

诚实在词典中出现的频率就像在生活中一样少。不过偶尔还

1　这个词条的后半部分与此无关，但实在是太有趣了。

是会出现，比如：

BUFFING IT HOME：就是为了某事断然赌咒，即误导，对没有根据的事情大胆背书。

但是这个词是从一部1881年的纽约罪犯隐语中得来的，所以会让你觉得信不过，你最好验证一下（corsned），这是古代英国法律中的一部分：

Corsned，也叫Ordeal bread：是一片由专职的牧师圣化的面包，撒克逊人如果面临控告，就会吃下这片面包来洗脱自己的罪行，但如果他们有罪的话，面包就会变成毒药，成为他们的最后一口食物。

享用上午茶的时候，你可以拿离你最近的巧克力饼干。

最后，有一种八卦既没有具备真理的美德也没有虚假的乐趣，那就是旧八卦。听到旧新闻的标准回击方式就是说"安妮王后死了（Queen Anne is dead）"。这个短语的最早记录是在1789年（安妮王后于1714年去世），但它至今仍见于英国新闻圈。这是一种稍微有些过时的用来形容过时的表达，但是，确实非常有用。

告知了你的同事们关于皇室的禅位后，你就可以偷偷溜走去抽上一根香烟了。

Cigarettes
香　烟

苏格兰国王詹姆斯六世，同时也是英国国王詹姆斯一世，是一位厌烟者（misocapnist）。厌烟者本人讨厌抽烟，也厌恶别人抽烟。1604年，他写了一本小册子《反对烟草》（*A Counter-Blaste to Tobacco*），其中讲到他本人有多么厌恶抽烟的人。几年后，温切斯特大主教将这本书译成拉丁文。我不明白为什么会有人大费周章将一本反烟小册子译成拉丁文，但温切斯特大主教绝非我等凡人，他将书名译为《反烟》（*Misocapnus*），拉丁语的意思是"反对烟草"，后来就自然而然地以厌烟者（misocapnist，名词）和厌烟的（misocapnic，形容词）形式融入英语中。

詹姆斯一世不喜欢烟草，首要原因是这种新习惯是向美洲印第安人学来的，他认为这些人很可怕。因此他要求他的子民们：

……印第安人是西班牙人的奴隶，他们拒绝面向世界；

他们还是背弃上帝圣约的异教徒。我们为何要如此作践自己，完全不带一点儿羞耻心，去学那些野蛮人的坏习惯呢？我们衣冠楚楚，何不学他们赤条条地来去呢？我们用金银珠宝做装饰，何不换成他们用的玻璃、羽毛呢？我们虔诚信教，何不学学他们背弃上帝侍奉魔鬼呢？

即使这样说，还是不能使你放下手中的烟吗？如果答案是否定的，那么我们就需要"烟歇"（fag break），澳大利亚人称之为工间休息（smoko）。但首先，只有你的同事愿意一同吸烟，你邀请他们才是合宜的。对于这种邀请的最佳表达，见于1699年的一本强盗黑话词典，其中提到过这种吸烟邀请：

> Will ye raise a Cloud？意思是，要不我们一起抽烟吧？

发问的时候语气要焦躁凶狠，如果可能的话，再配上一把大口径短枪（blunderbuss）。但是不可以立马点上烟。詹姆斯一世那厌烟的魂魄带着禁烟的规章制度依旧萦绕在我们周围，因此，你可能没法大张旗鼓地在你的办公桌上吞云吐雾，而是选择到指定的吸烟区。然而，强盗却不会有这种心理负担。

"指定的吸烟区域"是密封熏蒸室（fumatorium）的官方名

称，这种叫法过于冗长。或者更好的名字是"咳嗽间"（coughery），人们共赴此地聚众咳嗽。托马斯·厄克特爵士[1]写道，在做祷告之前，牧师们会：

> ……在厕所里大便，在小便池处小解，痰盂里吐唾沫，咳嗽间里咳嗽，亲昵间里亲昵，而在去神圣布道的路途上，他们不会带任何肮脏不堪或散发恶臭的东西。

尽管厄克特有点儿插科打诨，但咳嗽间仍然是一个和办公室后门小院一样好的名字。在那里，绝望而又顽固的吸烟部落（tabagie）像是濒临灭绝的亚马孙部落的残余势力一般坚守着阵地。顺便提一下，tabagie 是专业术语，指的是一群吸烟的人（a group of smokers），尽管它的集合名词（正如一群狮子或一队乌鸦）实际上应该是 a parliament of smokers（一群吸烟的人）。这两个词语都出现在 19 世纪，那时是词汇发展最为活跃的时段。维多利亚时期，吸烟者不仅仅是一个吸烟者，同样也是烟草主义者（tobacconalian）或者尼古丁主义者（nicotinian）。因此，如

1　Sir Thomas Urquhart of Cromarty（1611—1660），苏格兰作家兼翻译，他因翻译"人文主义巨人"弗朗索瓦·拉伯雷的作品而声名大噪。——译者

果你不愿意用coughery或raise a cloud这两个词，你可以撇开厌烟者，代之以"前往尼古丁人之地"（a voyage to the Land of the Nicotinians）。

尼古丁人之地是一片人间乐园：这里浓雾缭绕，天然出产的雪茄盒随处可见。忠顺的尼古丁人效忠于他们的女神尼古丁神（Nicotia），当然，她不完全是我编造的。尼古丁女神同时也是维多利亚时期诗歌的产物。

美国诗人詹姆斯·罗素·洛威尔[1]于19世纪60年代写到了尼古丁女神的神圣血统。据他说，尼古丁女神是酒神巴克斯[2]的女儿，她的母亲则是睡梦之神摩尔甫斯[3]的女儿。

> 这位巴克斯所生的良善仙女，
>
> 摩尔甫神的女儿所生，她宛如
>
> 在黎明降生时已经获赐
>
> 父亲的火，母亲的梦，

1　James Russell Lowell（1819—1891）是美国浪漫主义诗人、批评家、编辑和外交官。——译者

2　Bacchus，罗马神话中的酒神和植物神，相当于希腊神话中的狄俄尼索斯（Dionysos）。——译者

3　在古希腊神话中，摩尔甫斯是睡梦之神，她可以模仿任何人形，然后在梦中出现。——译者

尼古丁女神，对缪斯女神[1]而言，

比一切甘甜的葡萄汁还要珍贵，

我们崇拜您，不可禁止……

但这位女神却无法保护她的崇拜者。他们受到恶贯满盈的厌烟者的迫害，不得不走过长长的过道在风吹雨淋的咳嗽间里吞云吐雾。

为什么他们会受到如此待遇呢？因为人们认为吸烟对健康不益（还会被当作印第安人）。但主流思想不是一直如此！曾经，人们认为爱运动和爱抽烟并无二致，因为吸烟是一种运动。甚至还有吸烟比赛（smoking match）。据约瑟夫·斯特拉特（Joseph Strutt）编著的《英格兰人民的运动和消遣》（*Sports and Pastimes of the People of England*，1801年版）记载，在"露齿笑比赛"（Grinning Matches）和"速食热布丁吃货大赛"（Hot Hasty-Pudding Eaters）之间有一个"吸烟比赛"的词条。

吸烟比赛（Smoking matches）的奖品设置有香烟盒等

---

1 缪斯女神实际上是天神宙斯的九个女儿，这九个女神在希腊神话中被称为缪斯女神，每人分管从绘画到音乐等诸多艺术中的一种。——译者

小礼品。举办吸烟比赛有两种形式：第一种是看参赛者中谁能在最短时间内吸完一管烟；第二种恰好相反，谁将一管烟吸得最久，谁就胜出。

吸烟比赛赛事竞争激烈、跌宕起伏、扣人心弦。我们来看看1723年的比赛报道，在那个"真汉子"的年代，吸烟还是竞技体育项目：

> 牛津市为此在芬摩尔酒馆建了一座脚手架。比赛规定，任何人（不限男女）如果能够抽掉3盎司烟草，且中途不能喝水，不能下场，便可得到12先令[1]。很多人都尝试了，一位来自东部圣彼得斯的厉害的裁缝本来能赢，他吸得比别人都快，之前还吸了好几管；但到最后，他难受得厉害，大家都以为他要死了。而另外一位曾经当过兵的老人则不紧不慢地吸着，最终抽掉了3盎司，成了大赢家。他告诉别人（这人又告诉了我），在那之后，当晚他又吸了四五管烟。

1　先令（shilling）最初是一种金币，起源非常早，可以追溯到罗马帝国时代的苏勒德斯币。英国最早使用先令，1英镑=20先令，1先令=12便士，1971年英国货币改革时被废除。——译者

在17世纪，吸烟者甚至被荒唐地冠上浪漫的名字"香烟情人"（fume gallant），不由得令人联想到一口黄牙的白衣骑士。在过去，不会有人跟你说一堆吸烟有害健康的废话。事实上，曾一度有传言（但被厌烟者那群扫兴的人给压下去了），香烟有治疗功效（对三文鱼来说，的确属实）。因此，1859年的医学词典有个很精彩的词条：

> INSUFFLATION（注气法）: in是里的意思，sufflo是吹气的意思。Insufflation指朝身体的洞穴内吹气，比如将烟草的烟注入直肠，将空气吹进肺里，等等。

我不知道这个词对你是否有用处；但一旦有需要，你至少知道如何命名这种行为。

无论如何，一旦到了吸烟部落之中，你一定会得到一支烟（如今甚至到了没有人必须自己花钱买烟的地步）。20世纪50年代，正确的讨烟方式是Butt me[1]，这招非常奏效，除非你是跟一头公羊说话。如果你正好在一个非常慷慨的吸烟部落中，甚至无须讨烟就会有人赏你一根"癌棒"，无论遇上什么情况，如果

---

1 butt有"烟头"的意思，作为动词则有"以头碰撞"之意。——编者

想和50年代的人一样，一定要大方友善地说"Have a firework"（来点儿火吧）。

当然，不愿接别人给的烟有可能是因为他们抽的烟和你的不一样。例如，别人递给你一根非混合性的烟或加工好的烟，但你更喜欢自己手卷的卷烟。即使你和你的赠烟者一致认为，吸烟应该是一门艺术和灵巧的活儿，但他们最爱抽的烟草对你来说可能是难闻的黑色烟草（mundungus），意思是"糟糕、档次低的烟草"，又名"旧绳子"（old rope）。

现在你有了烟，接下来就该放眼四周，寻找火怪（salamander）或者"用来点烟的红色热铁"（red hot iron used for lighting tobacco）了。如果什么都没有，那么约翰逊词典里的一个词可以帮到你：

Sponk：爱丁堡语，意思是火柴，或者浸在硫黄中的任何可燃物。例如：你买了点火的东西吗？

一旦有了点火的东西，你就可以点燃烟管（cock your organ），开始放逐灵魂（funk）了。从17世纪晚期到19世纪早期，funk是吸烟的标准术语，后来又多了个"惊恐发作"的意思[1]。到了20世纪，funk又成了一种音乐[2]。透过联想，funk也成了烟草烟雾的代名词，意思是你现在闻起来浑身烟味儿（funky）。

在过去，ashcan这个俚语的意思是浪费掉的时间。所以，你还是赶紧抽吧，也别忘了教区的贫民。以下词条来自维多利亚俚语词典：

HARD-UPS：烟头寻觅者，他们从排水沟里找被人丢掉的雪茄，将其弄干，然后当作烟卖给穷人。

所以，无论如何，不要急着弄熄烟蒂，想想那些穷困潦倒的人，也想想詹姆斯一世厌恶的邪恶的印第安人。为什么要相信他那些哗众取宠的恨烟言论呢？相反，我们可以看看新大陆关于烟草的一段真实描述——人类吸烟史的最早文字记载：冈萨洛·费尔南德斯·德奥维耶多[3]在1535年去了伊斯帕尼奥拉岛[4]，记录下

1　一种焦虑症状，可有胸闷、心悸、手足发麻甚至濒死感等症状。——编者

2　放克是一种美国的音乐类型，起源于20世纪60年代中期至晚期，非裔美国人音乐家将灵魂乐、灵魂爵士乐和节奏蓝调融合成一种有节奏的、适合跳舞的音乐新形式。——译者

3　Gonzalo Fernández de Oviedo（1478—1557），西班牙历史学家兼作家，参与过西班牙殖民加勒比地区项目，并为此写了一部长篇报告，是关于该项目现存的少数的一手资料。——译者

4　Hispaniola，又名海地岛，是加勒比海中的第二大岛，仅次于古巴。——译者

原住民部落的酋长吸烟吸到昏厥，然后"酋长成群的妻妾将他抬起来，放到吊床上"。

但那绝不会是你！你还是老老实实地回到办公桌旁，装模作样开始工作吧。

第七章

时值正午：貌似认真工作

毫不费力—销售和市场—电子邮件—濒临破产—
要求加薪

Effortlessness—sales and marketing—emails—approaching

bankruptcy—asking for a raise

12:00 am

Sprezzatura, or the nonchalance of the perfect office worker
装作漫不经心，或完美员工的那种若无其事的态度

差不多到工作时间了，无论如何，至少装出工作的样子。工作即正义，不仅一定要完成，而且一定要有人目睹你完成。眼见即一切，真相无人问。

在文艺复兴时期，有一剂绝妙的处世之方，那就是"装作漫不经心"（sprezzatura），即十全十美的朝臣所特有的冷淡态度，这一度成为最新风尚。正如你所见，纵观整个中世纪，骑士对与生俱来的使命心中有数：他们是身着盔甲的勇士。男士既要对女士彬彬有礼、风度翩翩，又要在战场上英姿焕发、奋勇杀敌。而到了文艺复兴时期，对他们的要求又提高了。人们仍然崇尚武力，理想男性不再是中世纪人，而是文艺复兴人，也就是说，文艺复兴人不仅要读书写作画画样样精通，还要会几种乐器，能讲拉丁语，懂得欣赏雕塑作品，诸如此类。

巴尔达萨雷·卡斯蒂廖内（Baldassare Castiglione）[1]巧妙地将这些新要求编进教科书中。卡斯蒂廖内恰好是现代侍臣的典范，

1　巴尔达萨雷·卡斯蒂廖内（1478—1529），意大利外交官兼宫廷侍臣，是当时著名的人文主义学者。——译者

在意大利游历期间，他结识了拉斐尔和美第奇家族。他既是一名外交官，又是一位古典学者，还是军人和诗人。卡斯蒂廖内甚至以自身经历写了一本书，提到了如何才能成为像他一样的人。书名是《侍臣之书》(*The Book of the Courtier*)，当时被译成了人们所能想到的所有语言，并且在接下来的几个世纪，卡斯蒂廖内始终是欧洲人心目中的完人。但是，书中有一个词却令译者极为头疼，那便是sprezzatura。

Sprezzatura大概指若无其事的态度，但更准确地说是装作若无其事的样子——一种极力掩饰你其实非常努力的行为。比如，你应该是一位优秀的音乐家，但没人见过或听过你练习。所以，你会在别人听不到的地方拿起长笛或鲁特琴或其他乐器，偷偷练习音乐技巧。那么当有人问："嘿，巴尔达萨雷，你会弹鲁特琴吗？"你可以这样答："鲁特琴？嗯。我从来没试过，不过，把它拿给我……哦，像这样？"——然后开始一段专业的表演，同时做出一脸无趣的样子。每个人都会对你不学就会的能力感到震惊，而要是在场的所有人都听到过你连续几个月来叮叮咚咚的练习声，效果看起来就没这么好了。

而这个举足轻重的、不可翻译的、优雅的nonchalance，也掩盖了谨慎勤勉的态度，传播到了包括英语在内的其他欧洲语言中，《牛津英语词典》将其定义为"有意为之的漫不经心"。

文艺复兴已然成为过去式，sprezzatura 也随之在语言中若无其事地消逝了，被另一个极其可怕的观念取代，那便是"出勤主义"（presenteeism）。出勤主义指的是来得最早、走得最晚、其间无所事事的那种模式，因为嘉奖制度不在于实际工作，看似工作才是关键。

想象一下，只是想象一下，如果"装作漫不经心"之风重新席卷现代办公室，那些枯燥无味的新闻报道将荡然无存，比如："弗卢姆休股份有限公司对这起新的并购感到兴奋不已！合并后的公司董事长约翰·斯普朗金斯顿说：'我要感谢团队的所有人，没有他们过去一年辛勤的付出，这次的收购不可能实现。'"将会变成，"弗卢姆休股份有限公司上下对此次新收购懒得理会。约翰·斯普朗金斯顿优雅懒散地待在合并部，喃喃自语：'这无关紧要，不过鸡毛蒜皮而已。'然后继续弹他的鲁特琴。"

Earning a living
赚　钱

既然"装作漫不经心"已经消失，那是时候坐到桌子前"想方设法赚钱"（quomodocunquize）了。这个词的意思就是"用任何你能够做到的方式赚钱"。托马斯·厄克特爵士在1652年曾将这个词用在下面这个精彩的句子里："那些想方设法赚钱的'拳攘'和贪婪的恶棍。"（Those quomodocunquizing clusterfists and rapacious varlets.）

你应该能想象得到，所谓的"拳攘"（clusterfists）就是那些紧紧地攥紧钞票的人。Quomodocunquize可以用在政府部门、足球俱乐部、代言广告的名人身上，当然，还有你自己。因为我们就是想方设法赚钱的动物。这是"富豪病"（plutomania）的主要症状，表现为"对金钱的狂热追求"。

假如你一直搞不清楚为什么冥王星要以掌管冥界的神的名字命名，现在应该明白了，因为黄金、白银和钻石都来自地下世界，古人从而把冥王普鲁托（Pluto）定为掌管金钱的神，因此就有了"富豪病"（plutomania）、"富豪统治"（plutocracy）、"富豪生活传"（plutography），还有"拜金"（plutolatry）。

对于渴望患上富豪病的人，最好的方式就是做"富豪代言"（plutogogue），也就是成为要么只和有钱人说话，要么只为有钱人说话的人。前者就是我们常说的销售，后者即广告人。如果把plutogogue这个词写在你的名片或者简历上，或许会给人留下更加深刻的印象。

然而，假如你倾向于将你的销售工作描述得粗略一些，你可以把自己描述为barker，一个维多利亚时代的词语，指的是站在商店外雾蒙蒙的空气里叫喊着商品的各种优点的人。不幸的是，维多利亚时代的俚语词典里还包含了这个词条：

CHUFF IT：即走开，拿走，用于对付强行贩卖的街头小贩。

这是一句对付那些电话推销的实用表达。

Email
电子邮件

而今，电话使用得越来越少，电子邮件则越来越多。是时候重操高贵的"马路写手"（screever）的旧业了。马路写手是写救助信（begging letters）的专业作家。救助信不会寄出去，而是会被送给某个人，当他讲述自己的不幸遭遇时，信件会成为一种证明。而让研究奇怪职业的历史学家感到高兴的是，现在还幸存着一份典型的维多利亚时代的马路写手价目表：

私人信件 6 便士

长篇私人信件 9 便士

诉状 1 先令

带签名的诉状 1 先令 6 便士

带伪造名字的诉状 2 先令 6 便士

"极严重的"（危险的）诉状 3 先令

为崩溃了（broken-down）的作者抄手稿 10 先令

为上述作者抄写部分剧本 7 先令 6 便士

那时候也有崩溃的作者，得知这一点令人有些安慰。

马路写手这个词听起来有些脏脏的，让人觉得不太健康。它混合了尖叫（scream）与哀痛（grieve），在简历上看起来不太好。如果你想为救助信的写手找一个更高端一点儿的称呼，维多利亚时代的人也把他们叫作 high fliers。

一旦你写完了救助信，振翅高飞，事情就交给"回答中介"（answer jobber）了。如你所料，他就是专门负责答复的写手。这就是我们大多数人在一天的头半小时里坐在桌前所做的事情，在那些如同夜里的露水一样累积的邮件中精挑细选。

到如今，各种各样邮件的种类还没有漂亮的名字相对应，这真是一桩憾事。在纸笔的时代，一封简短的信被称为 notekin、

breviate 或 letterling。但是短邮件就是短邮件，没有人觉得有什么不妥。但是，有些用在信件上的说法还是可以保留的。比如，omnibus letter（群发信件）——拟寄送至若干收件人的信——可以简便地变成omnibus email（群发邮件），用以替换另一种单调乏味的表达——group email。实际上，这里有一个可行的名单，我只是把letter换成了email，并给出了原本的定义。

面包与黄油邮件（bread and butter email）——表示谢谢你。

切达邮件（Cheddar email）——多人合力完成的邮件，就像好几种乳制品一起制成了切达芝士。

舒适邮件（email of comfort）——向债权人保证会还清债务，但不具有法律约束力。

周记邮件（journal email）——谈论自己最近做了什么。

公告邮件（emails of placards）——表示准许。

私掠许可邮件（email of marque）——允许你像海盗一样行事。这样的邮件要谨慎发送。（私掠许可是在宣战之后发给船长的，允许他们掠夺敌方的商船。）

桂冠邮件（laureate email）——宣布胜利。

乌利亚邮件（email of Uriah）——"一种奸诈的邮件，

看似友好，实际却是死亡警告"，《布鲁尔短语和寓言词典》（*Brewer's Dictionary of Phrase and Fable*）中这样定义。这种邮件我发过很多。名字出自《撒母耳记下》："次日早晨，大卫写信与约押，让乌利亚随手带去。信里写着：'要派乌利亚前进，到阵势极险之处，你们便退后，使他被杀。'"

一旦搞定了邮件，就会有各种各样的工作交由joblers（指要做许多小工的人）去做。你可以重新整理一下桌面，在网上更新一下你的状态，或者还可以像一个"涅斐勒[1]崇拜者"（nephelolator，崇拜涅斐勒云朵的人）一样努力工作。不过不管你做什么都不要看账单，除非你有查账日酒（audit ale）。

查账日酒是一种特殊的、浓烈又好喝的啤酒，在查账日才喝，现在已经买不到了。甚至在1823年就买不到那种酒了，那一年，拜伦写就了《青铜时代》（*Age of Bronze*），悲叹哀悼现代英国的沉沦，他问道：

　　而现在，那喷香的查账日酒哪里去了？
　　那从不肯拖欠的佃户哪里去找？[2]

1　Nephele，希腊神话中貌似天后赫拉的一朵云。——编者

2　摘自查良铮译本。——编者

并且，没有查账日酒的话，你根本查不了账，因为没有一杯好的烈酒在手上，你不应该看自己的财务状况。透过厚厚的瓶底看到的破产要悦目得多。如果浸透了啤酒的破产正在向你招手，你能做的便是到时能抓到什么就抓什么。对此，有一个可爱的小词叫作deacon。一本1889年的美语词典中有这样一个有用的定义：

To deacon land，就是把自己的栅栏或界限逐渐延伸到高速路上或其他的公共领地上，以此盗取土地。

所以把那一摞纸挪一点儿到同事的桌子上吧，然后梦想着那缓慢的胜利。

Deacon还可以指"把最吸引人的东西放在最上面"，或者"往酒里兑水"，或者"把生出来的第二头小牛杀死"。没人知道为什么有这些意思，但是所有的短语都是美国人在19世纪时使用的。所以人们一定会猜想，19世纪的美国执事（deacon）都是不诚实、贪婪、屠杀小牛的恶棍。

Asking for a raise
要求加薪

如果你在工作中如鱼得水，又已站稳脚跟，那便是要求加薪的良机。要求加薪既需要技巧又需要谨慎。开始接近老板的时候，要做个"马屁精"（sardonian）。《牛津英语词典》对sardonian的定义是"那些矢志不渝的献媚者"。这个奇怪而少见的含义精准的词语并非来源于人类，而是植物。萨多尼亚草（herba sardonia）是一种危险的植物，据说，它会导致脸部抽筋，看起来像哈哈大笑，接下来就是死亡。

当然，你没必要杀掉你的上司，但适当捧捧场能省下反复请求（rogitate）的麻烦（rogitate是像孩子讨饼干一样，反反复复地在同一件事上征求同意）。或者，你可以另辟蹊径，给老板起起外号。每当他路过时，叫他"守财奴"（miser）或者"叮人虫"（sting-bum），但人们不喜欢被称作"叮人虫"，这极有可能适得其反。

印度有一种奇怪的风俗——长坐绝食（Dharna）。在东印度地区，如果有人没有按时向你还债，你就坐在他门前开始绝食抗议。你要一直保持这姿态，直到：1）他还清欠款；2）你被饿死。如果那人住在特别偏远的地方，或者他正在休长假，那就不必搞这一套了。但是，在人来人往的工作场所，你坐在老板办公室门口不吃不喝，日渐消瘦，则一定能产生奇效。

或许你今日无法成功加薪，但你至少可以获得brevet（名誉晋升），这是一个军事用词，指的是升了军衔但薪资没变。名誉晋升通常附带大量Spanish money，即"奉承、恭维"的旧称。这足以支撑你工作到午饭时间。直到那时，或许你只是在磨洋工（fugel）：

> To Fugel：做出正在做事的样子，却毫无结果，虚度时光。

第八章

下午一点：午餐

去哪儿吃—谁付钱—免费午餐—吃—吃甲鱼—消化不良

Where to eat—who pays—The Free Lunch—eating—

eating turtles—indigestion

01:00 pm

Amell 指的是下午一点到两点之间的时段，这个时候，只要是头脑健全的人，都会兴高采烈地放下手头工作，急匆匆地奔向香喷喷的午餐。无须钟表，你都能感知到这神圣时刻，因为你的肚子会不耐烦地发出腹鸣（borborygmi），这便是饥肠辘辘的声音。H. G. 韦尔斯[1]曾写道：

> ……很少有动物能找到属于自己的"最佳"食物，即便真的找到了，也难以遵守：捕象人能够通过这些可怜野兽发出的腹鸣（请参考词典）来判断象群的远近，而在格拉斯福德（Galsfurd）的描述下，老虎的一生都在不适中度过：要么饥肠辘辘，要么暴饮暴食。

常言道，宁可当一天胃不舒服的老虎，也不做一百年肚子咕咕叫的大象。人类时常会有不间断的饥饿感（famelicose），所以，午餐走起！

那么问题来了，应该去哪里吃呢？日复一日地去同一家三明治店吃饭似乎有些丢脸。再说了，你可以公费请人一起去外面撮一顿。如果命运或你的老板剥夺了你享用午餐的基本权利，你或

---

1 H. G. Wells（1866—1946），英国政治家、小说家，尤以科幻小说见长。——译者

许只要患上急性异食症（allotriophagy）就行了。异食症是"一种欲望——一种变态的渴望——想吞食那些通常被认为不可食用、毫无营养价值甚至对身体有害的奇怪物质"。这个词用在那些建议去烤肉店吃饭的人身上恰如其分。虽然从词源上来看，该词指的是想吃其他东西的欲望，但它亦可用来形容开辟新天地，而不是固守常光顾的小饭店（slap-bang shop）：

> Slap-bang shop，一种很小的饭店，那里不能赊账，点的菜必须要用现金迅速（slap-bang，相当于immediately）结清。这是小偷常常光顾的夜间地下酒吧的常用称呼，有时也可指公共马车或大篷车。（1785）

如果你想去一家大饭店，那么你得有现金、信用卡，或者，如果可能的话，最好找一位蒂莫西爵士（Sir Timothy）。蒂莫西爵士有时也被称作"一视同仁的蒂莫西爵士"（Sir Timothy Treat All），是记载于17世纪晚期至19世纪早期的一个给别人买午餐的虚构人物。在过去，它是那种"款待所有人并且到哪都埋单的人"的头衔，现在也是。

对于这种大救星，我们还有更礼貌、更神秘的称呼：食物慈善家（gastrophilanthropist）。这个词来自希腊语的gastro，意思是"胃"（正如用胃部行走的腹足动物一词gastropod中的gastro）和"男人的爱人"（philanthropist，但不是那种方式哦）。不幸的是，食物慈善如今是一种被遗忘的艺术，因为如今人们宁可将钱捐给地球另一端的饥民，也不愿用来帮助身边饿着肚子的人。就这样，慈善取代了善良。

如果可以找到一位比较好说话的蒂莫西爵士，那么你就可以安定下来专心蹭饭了。约翰逊博士的词典这样定义"蹭饭者"（scambler）：

Scambler（爱尔兰语），一个大胆侵占别人财富或饭桌的人。

当然，他并不是说所有的蹭饭者都是爱尔兰人，只是说明爱尔兰的蹭饭者多到了足以让这个国家率先造出这个词。蹭饭者是唯一明智的午餐食客，因为绝大多数饭店都极其昂贵，光看价格都会令人食欲大减。但在有无忧无虑的蒂莫西爵士请客的情况下，你便能饱餐一顿又无须掏空口袋了。

要想成为蹭饭专业户，一种方法是学会"眼神会意"（groke），即在别人吃东西时，用殷切的眼神注视着他，期望他会给你一些吃的。最初，"眼神会意"只用在狗的身上，这是它们的惯用伎俩：

睁着一双无辜的大眼，希求你能赏它些吃的。这招也同样适用于那些怀揣希望的蹭饭者，抑或那些趁你在吃饼干时悄悄靠近你办公桌的人。

言归正传，继续来讲午餐。更准确地说，我们要讲的是餐前准备和与餐前（precibal）有关的事项。顺便提一下，precibal是preprandial（餐前的）的另一种说法，但适用范围极广，包括早餐、午前茶点和夜宵。既然提到了餐前准备，我们要喝点儿什么呢？在18世纪，午餐只吃不喝形同兽餐，以至于这种午餐被称为马饲料（horse's meal）：干如稻草，只适合给动物吃。因此，不要期盼下午的工作效率能高到哪里去。

实际上，是酒精缔造了那个被称为"免费午餐"（Free Lunch）的神出鬼没的蛇鲨[1]。自20世纪30年代以来，人们坚信"免费午餐"并非生活在野外，而是被锁在一个空想动物园里，那里还关着独角兽、凤凰和沼泽怪兽。尽管免费午餐可能灭绝，但它绝对是存在的。拉迪亚德·吉卜林[2]曾在自然栖息地见过这种生物。1891年，吉卜林造访旧金山，发现"免费午餐"正躲在一堆痰盂后面。

1　蛇鲨（snark）出自刘易斯·卡罗尔的《猎鲨记》，是一种虚构的生物。——编者

2　Rudyard Kipling（1865—1936），英国诗人，小说家，代表作《丛林故事》。——编者

在大理石铺就的宽敞大厅里，耀眼的灯光下，坐着四五十人，还有一排大容量、宽口径的痰盂以供使用和娱乐。大多数人穿着双排扣长礼服，戴着礼帽——在印度，我们在参加婚宴时会穿上这种装扮，如果我们有这些衣服的话——但他们都吐痰，而且吐得很有原则。痰盂被放在楼梯上，在每间卧室里——是的，比这更神圣的房间里也放。他们会把一个痰盂用到废弃为止，而它们在酒吧里大有用武之地，全都能得到使用，每一个都散发出恶臭……出于本能，我想提提神，于是来到一间贴满了粗俗沙龙照片的酒吧，里面的人把帽子戴在后脑勺上，正在吞食柜台上的食物。这就是我撞见的"免费午餐"习俗。你付一份饮料的钱就可以想吃多少吃多少。每天消费不到一卢比，即使破产了，也足以在旧金山吃香喝辣。如果你在这一带陷入困顿的话，别忘了这个。

可能免费午餐就像渡渡鸟[1]一样永远消失了——太美味了，所以活不长；或者可能就像害羞的空棘鱼类，永远不动声色地藏在一些寒冷的大洋峡谷中，人类无法知晓。唯一能证明它存在的办法就是点一杯酒，然后看看会发生什么。记住：如果你还能认得菜单的话，就说明你还没醉。

1　dodo，渡渡鸟，比喻过时的东西，迟钝的人。——编者

比顿夫人（Mrs Beeton，1836—1865）是一位命运悲惨的英国女厨神。她育有四子，还写了一本含有900份菜谱的书，她于28岁那年猝然离世。在她的权威著作《比顿的家务管理指南》（*Mrs Beeton's Book of Household Management*）一书中，她推荐了下面这道简便午餐：

将吃剩的冷肉配以精美的配菜，再加上一些甜品，或一点儿碎肉、鸡肉或野味，就是饭桌上常见的午餐菜品，搭配着面包、芝士饼干、黄油等一起吃。如果想吃点儿实在的，还可以提供牛臀排或羊排，还有炸牛肉片、肾脏，或任何类似的菜肴。

可能最好的办法是把这一段从书里撕下来，再镇定自若地递给午餐服务员。然后就可以开始吃用餐了。

Mastication

咀　嚼

对坐在餐桌前的人喊一声"落座"（Fall-a-bord），是宣布开吃的传统做法。随后，你和所有的食客开始狼吞虎咽、暴饮暴食、

"饕口馋食"（guttle），这个词的意思是贪婪地吃，指的是吃固体的食物，与用在液体上的"豪饮"（guzzle）组成了好搭档。这二者之一似乎要废弃了，这实在很可惜，特别是它们的组合非常默契。确实，假如你想造两个几乎一样的短语，"馋食"（guttle）美味，"豪饮"（guddle）佳酿确实不错。对于热情的"食客"（gutguddler）而言，在满嘴食物或正忙着吞咽的时候还能发这两个词的音，实在是非常便捷。

事实上，G是一个有点儿贪心的字母。那些总是馋食大餐、豪饮佳酿的美食家如果吃喝太多的话，最后就会变成"肥臀"（gundy-guts），这是18世纪一种形容"猪油臀"（lard-arse）的有趣方式。

七宗罪里只有三宗是值得享受的：暴食、懒惰和色欲，这三宗罪在毁灭和享乐之间取得了平衡。如果有人能够想到一种方法结合这三个方面，那么人类会兴高采烈地赴死。赴死的队伍将伴随着"牙齿音乐"（tooth music）为最丰盛的午餐吟唱欢快的咀嚼声，那是快乐吃饭的声音，为享用过的最好的午餐配曲。

另一个表达充分咀嚼的词是"弗莱彻主义"（Flet-cherism）。贺拉斯·弗莱彻[1]曾写过大量具有影响力的著作，论述整个人类

---

1 Horace Fletcher（1849—1919），美国营养学家。——译者

的境况将如何通过咀嚼而得到改善。他建议每一口食物要咀嚼32次，甚至对待饮料也要采用这种看起来不必要的警惕措施。按照他的说法，他就是这样成为在世的人中最健康的一位，并赢得了"伟大的咀嚼者"的称号。正是由于他下巴的名气和力量，兴起了一种被称为"弗莱彻主义"的运动，追随者们被称为"实行细嚼慢咽健康法的人"（Fletcherites），他们不仅仅是咀嚼食物，而且是"细嚼慢咽"（Fletcherize）。因此亨利·詹姆斯[1]会这样写信给他的哥哥："除非有段长谈，否则不可能使你明白神奇的弗莱彻主义——格外神奇——怎样欺哄了我，迷惑了我，欺骗了我。"他甚至曾这样评价弗莱彻，说后者改善了他的肠道运动，以至于"拯救了我的生命，而且，他还改善了我的性情。公正地说，他理应获得我永久的忠诚"。另一方面，P. G. 沃德豪斯[2]仅在描述一条杂种攻击犬时才使用过"细嚼慢咽"（flercherize）这个词。

　　或许在此应该提一下，格莱斯顿[3]也是每口嚼32次的咀嚼方式的支持者。同时，他还是晚餐时的暗中观察者。有一次，他计

1　Henry James（1843—1916），美国小说家、评论家，晚年入英国籍，主要作品有长篇小说《一位女士的画像》、文学评论《小说的艺术》等。——译者

2　P. G. Wodehouse（1881—1975），英国小说家、剧作家，写有长篇小说《城里的普史密斯》，尤以塑造Jeeves这一人物的系列小说闻名。——译者

3　William Ewart Gladstone（1809—1898），英国自由党领袖，曾四次任首相，实行议会改革，对外推行殖民扩张政策，著有《荷马和荷马时代研究》等。——译者

算出自己平均每口咀嚼70次。但是，如果你在词典里搜索"格莱斯顿"，你会发现他只在一种袋子还有便宜的法国酒上留下了自己的名字，他曾为其减少了进口税。所以，现在或许可以再来一瓶酒。

但或许你并没有胃口。你并非"尖刻的绅士"（esquire trenchant），你只是个有些"挑"（pingle）食物的人。"挑"食物就是把你盘子里的食物来回摆弄，实际上却没吃多少。这是一个古老的词语，有点儿晦涩，出现在1823年的萨福克郡方言词典中［如果你通过时光机留在了朗梅尔福特镇（Long Melford），那这个词就很重要了］。

PINGLE：吃一点点，没有胃口。"我没有胃口吃东西。我就挑一点儿。"（I heen't no stummach for my wittels. I jest pingle a bit.）

不要把挑（pingle）和油腻（pinguid）混淆，后者指的是油脂多。如果食物太过接近后者，那么就很可能会造成前者。所以如果落在一个南极洲糟糕的厨子手中，你可能就要挑一下油腻腻的企鹅肉了。

糟糕的厨师是对午餐的犯罪，是对自然馈赠的犯罪。奶牛和大白菜都为我们而死，而鉴于它们的无私奉献，厨师至少应该好好地将它们做成料理，让它们的尸体得到体面的腌制。不这么做的话都是极其罪恶的。由于恶棍曾被叫作ruffin，所以糟糕的厨师也有一种古老的称呼：

COOK RUFFIN（恶棍厨师）：厨师中的恶魔，或者非常糟糕的厨师。（1723）

恶棍厨师能够将自然界中最高贵的动物变成一道仅仅是"外表精美的菜肴"（kickshaw）。在约翰逊博士的词典里，这个词被伤感地定义为"因烹饪而面貌大改，几乎难以辨认的菜肴"。Kickshaw这个词实际上是对法语quelque chose的篡改，意思是"某物"。老伦敦城里最差的饭店听说了这个法语词，想要借此把自己弄得高雅和法国化一些；但是人们一定可以想象得到，他们的菜就和他们的发音一样糟糕。但有一些学者采纳的是相反的观点，认为kickshaw一词是对法国食物的蔑称。跟总是充满了烤牛肉和活力的正宗英国食物相反，法国菜显得既疲惫而又无力。

那些像法国人一样对吃的东西非常讲究的人，享有各种各样可爱的名字。他们是"拜胃者"（gastolaters或stomach worshippers），是"狼吞虎咽的胃神"（ingurgitating belly-gods），还是"食道爱好者"（the goinfres、the gullet-fanciers、golofers）。但是，词典中最好的形容老饕的短语是"食龟者"（turtle-eater）。

当乌龟还没有因濒危在市场上难觅之前，它已经久负盛名，是人类最好的食物。但即使在18世纪，吃乌龟也需要花一大笔钱。首先，你需要进口活物，然后要在房子里修建一个专门的房间用来养殖它们，每天都要喂它们一条羊腿。你还需要有一个特殊的灶，它得足够大，容得下整只乌龟。还要有接受过专业操作与预处理训练的厨师。在这些之后，当然，你还得有专门吃乌龟时穿的衣服。事实上，这时候最好参考一下记载于1755年的一次乌龟盛宴：

听到钟声敲过，他（极其富裕的主人）摇着铃铛，问他的乌龟服装是不是晾干了。当我还在琢磨这个新名词的时候，我确实得承认我想不出来那是什么意思，仆人就把背心和外套拿了进来。我的朋友将衣服套上，把它们像睡衣一样绕了身体一圈，然后说，虽然现在这身行头松松地搭在身上，等到他要和乌龟说话的时候，他就该把衣服勒紧，像一面鼓一样了。

乌龟端到桌上，客人们都已抵达，坐得最近的人就会把所有的礼仪忘至脑后，一心想要吃到最好的部位。但是，坐在餐桌另一头的人怎么办？

他们把盘子传过来，乞求分得一份，然而却是白费力气；掠夺者们现在正占据着龟壳，除了自己的胃口以外对任何招呼都置之不理。吃饱之前，他们对任何其他的事物都充耳不闻。

乌龟的味道如此鲜美，以至于战胜了所有的餐桌礼仪，导致人们财富耗尽，食欲不振。即使是吃不起乌龟的人，至少也可以假装他们出席过乌龟盛宴。于是就有了"仿乌龟汤"（moch turtle soup）的发明，而它不过是煮牛头。那些不是特别富有的人相信这就是自己能够吃到的最接近天堂般的美味乌龟。

由上可知为什么"食龟者"（turtle-eater）成了最精美、最奢侈的味觉享受的代名词。无论如何，这都比"小烹饪技"（petecure）这种一般的烹饪方法要好，也比"食秽"（rypophagy）这种指"吃脏东西"的烹调技术高明许多。而"食秽"实际上是一个很有用的词，可以用来侮辱某人的烹饪技术而不让对方知道，比如下面这个句子："谢谢你做了这一大桌可以说'食秽'般的菜肴。不，我真的这么觉得。我觉得自己从来没吃过有这等品质的饭。你真是一位合格的恶棍厨师。"

Aftermath

余　波

英语中有一个简单的词来表示"一个喜欢一直坐在饭桌旁吃饭的人"，那就是 residentarian，据我所知，这个词只出现过一次。那是在 1680 年，一位写乏味的宗教小册子的作者抱怨那些漫不经心地吟唱圣歌的人：

> 每日欢宴者，比如那些 residentarian，他们的双腿支撑不了那大腹便便的身躯（Gross Corpulent Body），他唱着，"我因禁食，膝骨软弱；我身上的肉也渐渐瘦了。(《旧约·诗篇》109:24)"
>
> 撒旦的俘虏在罪与恶的泥潭里打着滚，他唱着，"耶和华啊，我真是你的仆人。(《旧约·诗篇》116:16)"

但罪与恶的泥潭是片安逸乡，也有助于消化系统。那是打嗝、嗳气的好地方，说得文雅些，饭后如果不闲逛一会儿，你会在接下来的一天感到"胃部不适"（wamblecropt）。

Wamblecropt 是英语中最优美的一个词。尝试将这个词念出来，你会发现每一个音节都无与伦比地美丽。

《初级英语拉丁语词典》(*Abecedarium Anglico Latinum*)1552年版本首次收录了wamblecropt这个词。这本词典你多半读过，是一部早期的英语-拉丁语词典。因此，如果你想知道罗马人怎么说siege、jacques、bogard、draught等词，你会发现这些词都与latrina（厕所）有关。它同时还告诉你：

Wamble cropped指胃痛（stomachichus）

Wamble stomaked是让人呕吐（nauseo）

Wamblyng of stomake指将要或想要呕吐，即恶心（nausea）

这么一解释，你肯定有些理解这个词了。如果你还觉得不够明晰（或者不想要拉丁语的解释），那么可以来看看《牛津英语词典》，它将wamble定义为"胃部绞痛不适"，wamblecropt表示的是由此而导致的痛苦和虚弱。所以说，wamblecropt意思和queasy（想呕吐的，感到恶心的）差不多，不过要稍微强烈一点儿。

奇怪的是，wamblecropt一词在1616年被短暂地用过一小段时间之后，便销声匿迹了，直到1798年才在美国再次出现，从此在美国沿用了下去。《马萨诸塞侦察报》(*The Massachusetts Spy*)中有这么一句话："I feel a good deal womblecropped about dropping her acquaintance."（与她断绝来往让我感到非常痛心）。这差不多就是wamblecropt一词的终结了。零零散散地，这个词还会出现，但都是当作玩笑话来讲，比如作为方言词，用于嘲讽。例如，幽默的加拿大作家托马斯·钱德勒·哈利伯顿（Thomas Chandler Haliburton）写了一系列（相当精彩的）以山姆·斯利克（Sam Slick）为主角的作品，山姆谈及婚姻时说：

> 妻子与恋人的区别很大，如同一杯新酿的苹果酒与一杯烈性苹果酒的差异：人不可能苦于将其中一种喝进嘴，却又在喝下另一种时满脸痛苦。一想到这些，我就感到有点儿胃部不适（wamblecropt），以至于不敢结婚。

山姆·斯利克此处用到了这个词，但我怀疑哈利伯顿是否会使用这个词。很快，它就伴随着古老方言的衰落消失了，以后出现时就变成了铁匠嘴里的奇谈怪论 "By jiminee I'll be wamblecropt"（天哪，我要肚子疼了）。

不加后缀cropt的wamble在语言的长河中比wamblecropt

使用得更久。确实，直到19世纪晚期，英国人还在使用这个词来表达胃部不适。以下是我最喜欢的三个例子：

（My soul）can digest a monster without crudity, a sin as weighty as an elephant, and never wamble for it.

（我的灵魂）能够优雅地吞下一只妖怪，罪孽重如大象，从不因此反胃恶心。

——出自托马斯·米德尔顿《对弈》

（*A Game At Chess*，1624）

*我喜欢沉重如象的罪恶。

Vast fires subterranean⋯ work and wamble in the bowels of the earth.

地表下的熊熊烈火……在地球腹内运行翻腾。

——出自约翰·戈德《占星气象通典》

（*Astro-Meteorologica*，1686）

*我喜欢地球患有消化不良这一奇思妙想。

Yes, faith have I（been in love）, and have felt your flames and fires, and inclinations and wamblings.

是的，我相信我（已坠入爱河），感受到你燃烧的火焰，以及如翻江倒海一般的内心。

——出自托马斯·贝特顿《复仇》（*The Revenge*，*1680*）

*文笔优美

顺便说一下，wamble可以引申为翻滚、跌跌撞撞之义，还可以写成womble。

没有什么比账单更令人作呕的了。在这个可怕的时刻，你有多么希望这时候一视同仁的蒂莫西爵士能够一直坐在桌边。不然的话，吃喝挥霍（abligurition）这件事就落在你的肩上，它指的是"在吃吃喝喝上奢侈消费"。当申请报销费用时，该词极为重要，尤其是因为该词与法律挂钩。狡猾的商务人士会开心地说他们在产权转让和"吃喝挥霍"上花了一万英镑，而人力资源部的人完全不明就里。Abligurition源于拉丁语中的abligurire，意思是"在珍馐上大肆挥霍"，因此也证明了这是古代就有的用法。

罗马人是很贪婪的家伙，而古希腊人倒是没有用来形容在耗时长、排场大的午餐上浪费钱的词语。他们知道该在什么地方花掉他们的钱。虽然没有abligurire这个词，但他们有katapepaiderastekenai，这个词指"在对美男子的爱上挥霍钱财"。

第九章

下午两点：重返工作岗位

打盹儿—给家人打电话
Nap—phoning family members

02:00 pm

多亏了现代医学，"工作恐惧症"（ergophobia，对重返工作岗位的强烈恐惧）终于在1905年被首次确认，并上了报道。虽然至今仍然没有任何有效的治疗方法，但一直有医生在从事这方面的研究，并且可能很快就会有人继续研究。

一顿美好的午餐能够有效消除一种错觉，那就是辛勤工作使人高贵。它将人们从奋斗、探索、发现以及不放弃的欲望中解脱了出来。反过来，它还使人们看到了一种迫切而实际的需求，那就是"午休"（nooningscaup），这个词指的是约克郡农民在一场尤其费力的午餐后获得的休息时间。有人会猜测，午休会出现在正午（noon），虽然没错，但值得注意的是，经过这么多年，正午时间已经往后移了。最初，正午指破晓后的第九个小时，在古英语中写作non（第九），平均下来，破晓时间是三点钟。没人可以确定正午时间往后移的原因，但它确实往后移了，并且留下了一些奇怪的单词，其中一个就是nooningscaup，它的本义很有可能是noon-song（午歌）。Midday（中午）的拉丁文写作sexa hora，也就是第六个小时，siesta（午休）一词就是来自这里。

不管世界变成什么样，表面印象一定要维持，所以在你的小隔间里偷偷打盹前，你应该先让办公室里的人看到你的脸。这可能有点儿难，尤其是如果午餐时间是"一个半小时"（sesquihoral）的话。

你可以晚一点儿再回去工作，在附近闲逛一下。你甚至可以出去喝个下午茶（doundrins, afternoon drinking session）。不过，旷工可能会被发现，针对这类情况，苏格兰人有这样一个词（至少他们在维多利亚时期的阿伯丁郡是这样说的）：

> CAUSEY-WEBS（人行道网）：说一个人在制造人行道网，就是指他或她不顾工作在街上待得太久。

一个制造人行道网的有效方法就是"凝视运河"（gongoozle）。由于gongoozle一词是由gone（离去的）、goose（鹅）、ooze（缓缓流出）三个词合成的，因此听起来很可笑。实际上，它很可能是两个古代方言词语的混合体：gawn（好奇地凝视），gooze（没有目的地凝视）；不过其专业定义已在《牛津英语词典》中永久固定了下来，即指凝视运河。有一些词，即便是最热情的词典读者也会停下来问自己：为什么？这个词就是其中之一。

Gongoozler一词的第一次记录是在一个运河术语词汇表里。

> Gongoozler，一个无所事事充满好奇心的人，常常站在某处长时间地凝视任何不同寻常的事物。有人认为这个词起源于英格兰的湖区。

在阿尔弗斯顿[1]仍然有一条小运河，不过已经停用，这肯定使当地真正的运河凝视者的生活变得比以前更加无聊。即便如此，这还是和其他任何一种度过下午的方式一样惬意，并且还总能看到鸭子。

如果你对运河不感兴趣，那就回工作的地方打个小盹吧。最好的方式就是一路低头沉思着走（snudge along）回到你的位置上，每个人都会时不时地在走路时低头沉思，即便他们不知道自己正在这么做。内森·贝利（Nathan Bailey）在1721年的《通用词源词典》（*Universal Etymological Dictionary*）中给出了这样的定义：

> To SNUDGE along: 走路时眼睛朝下看，一副正在沉思的样子，好像脑袋里全是要事。

如果你走路时低头沉思，没人会打扰你，尤其是使用手机这个现代设备的时候，注意力完全可以不受干扰。实际上，一个真正优秀的低头族（snudger）大概可以年复一年地在办公室里走

1　阿尔弗斯顿，位于英格兰西北部的坎布里亚郡，位置靠近湖区，以纪念碑和运河闻名。——译者

来走去低头沉思而不被发现，最后还能拿到一笔可观的津贴，全靠学会了怎么正确皱眉头。然而，长期低头走路可能会对脚造成伤害，所以还是回到自己的位子上，好好放空（rizzle）一下吧。

Rizzle是一个神秘的词语，19世纪后期在美国突然流行起来，但不久就消失了。它出现在几本非常有名的医学杂志上，而且本来可以像ergophobia（工作恐惧症）一样成功，因为在那个失落而美好的时代，医生都是非常友好的家伙，而不是现在这些像严厉的警察一般在医院转来转去，告诉你不要抽烟，不要吃乌龟的家伙。有一个关于rizzle的描写，摘自1890年美国的《医学公报》（*Medical Bulletin*）：

> 你每天都会放空（rizzle）吗？你知道怎么放空吗？镇上的某位一流医生说，这是实现完美健康最有效的手段。
>
> "吃饭时我会彻底咀嚼食物，"他说，"并且一定会和家人或朋友愉快地聊天，找好多乐子来使自己开心。饭后，不用说，我要去放空了。我怎么做？我回到书房，拉上窗帘，点上一支雪茄，坐下来，然后放空。
>
> "我不知道怎么形容它，不过这是一种接近沉睡的状态，正如沉睡像死亡一样。就是完全什么也不做。
>
> "我闭上眼睛，尝试停止大脑的所有活动。我什么也不想。

只需要做一些练习，就能够彻底抑制大脑活动。

"我会保持那种愉悦的状态至少十分钟，有时二十分钟。这是最有利于消化的状态，这也解释了动物在进食之后睡觉的习性。我宁愿错过一笔丰厚的酬金，也不想失去每天十分钟的放空时间。"

如果你拉下百叶窗开始在工位上抽雪茄，人们很有可能会注意到你，如果没有，可以确信你正在某种非常高级的办公室里工作。不管怎么样，在维多利亚后期，"放空"被认为是医疗必需品，这一点非常正确。

尽管有时，仅仅放空是不够的。大脑的放空对冥想热衷者来说也许不错，但那些真的需要好好小睡一会儿，而且手上没有雪茄的人呢？这些人也许可以去小睡（sloom）。

Sloom 是一个美妙的词语，因为不需要别人告诉你，你几乎就能知道它的含义。《牛津英语词典》将它定义为一次"安详的睡眠，小睡"（gentle sleep or slumber）。不经意间，我们知道了最好的睡眠词汇都是以 SL 开头的。关于这一点，中世纪的头韵诗人也没有忘记，他们写出了这般可爱的诗句：

Slipped upon a sloumbe sleep（不小心跌进一场安眠中）

关于如何进行中世纪饭后小睡，甚至有一套特别的规定。14世纪充斥着各种礼仪书籍，很像为焦虑不安的骑士准备的自助手册。这些书可以应对所有重要的主题，比如如何使盔甲有光泽，如何称呼一条龙，以及如何在午饭后小睡。

所有不同年龄，不同肤色的人，都应该在晚上自然地休息和睡觉，并且避免正午入睡。但是（如果）有必要，应该强迫一个人在饭后睡觉：让他停下手上的事务，然后站起来，靠着柜橱睡，或者让他笔直地坐在椅子上睡。

靠着柜橱睡几乎是不可能的，而且，更糟糕的是，很可能会让别人注意到你。所以还是坐在椅子上伸展四肢（streke）吧。现在，把一些有用的文件的一头放在怀里，另一头放在桌子边缘，让下巴尖抵在脖子上，慢慢睡去吧。你或许会梦到自己变成了游侠骑士。

Intermission
午间休息

感觉清醒点儿了？太棒了。你不妨拉开窗帘，熄灭香烟，"放空"和"小睡"都已结束，除了工作再没什么可做的了。你的必做清单（facienda）是什么？你把要完成的事项都列出来了吗？当然，事要一项一项做，你肯定不想过滤掉哪一个，但是必做清单是一定要有的。不然被人发现的话，那就要失业，只能整天凝视运河了，那样很可能会相当无聊，运河交通相较其繁盛时期已经大大衰退。

A quick phone call
快速拨个电话

或许你应该看看你的私人"必做清单"，然后给家人打个电话，尽到你的家庭责任，尤其是在刚刚醒来的时候。家人们都喜欢接到电话，原因谁也不清楚，但是他们就是喜欢。现在似乎正是这么做的最好时刻，并且，谁知道人们会在什么时候起草遗嘱呢。那么，如果用得上的话，下面这些表达亲情的词语可供参考。

Uxorious：过度喜爱自己的妻子。值得注意的是，妻子总是不太把重点放在"过度"这层含义上，她们总是觉得无论什么样的喜爱都不过分。Uxorious还有一个近似的词叫作

uxirilocal，意思是"入赘的"。这到底是好还是坏有待商议。

Maritorious：过度喜爱自己的丈夫。出于某些原因，这个词比uxorious要少见得多。确实，几乎没人听说过这个词，或许是因为，这个词在英国文学中的唯一一次出场太过简洁："Dames maritorious ne'er were meritorious."（过度喜爱丈夫的女士总是没有什么成就。）

Philadelphian：喜爱自己的兄弟。或许这个词还可以表示"从费城来的"。费城就是以兄弟（adelphian）之爱（philos）的美德而命名的。千万不要把这个词和philodelphian弄混，后者指喜爱海豚。

（我还从来没有找到一个表达姐妹之爱的词。按理说这个表达挺重要的。）

Matriotic：这是一个很有用的抽象词，用于表达对母亲的偏爱。不过这个词还可以简单地表达对母校的怀旧之情。还有其他一些词可以表达出对母亲的爱，一般情况下都和一个名叫俄狄浦斯的粗心人有关，他是一个不幸的人，而且已经死了。

Philapater：热爱自己的父亲或祖国的人。一个真正爱父亲的人可以由他们"爱父"（patrizate）的倾向看出来，或者可以从他们跟父亲的相像或仿效程度看出来（这又和那个坏蛋俄狄浦斯不同）。

Philoprogenetive：对自己孩子的爱。这个词最初是一个颅相学术语，指的是易于在头盖骨上繁殖的肿块。

Materteral：与姑母或姨母相关的。奇怪的是，这个词从来都没有出现在P. G. 沃德豪斯的作品中。

Avuncular：与叔叔，尤其是舅舅相关的。甚至还有一个更古怪而且不怎么用的词：avunculate，指的是舅舅组成的群体。[1]

虽然是一件小事，但是给爱人打个电话会使一切截然不同。假如身在荒凉旷野的李尔王曾给考狄利娅打过电话，假如奥德修斯曾发信息告诉潘尼洛普会晚点儿回来，假如罗密欧曾接到妻子的电话，听到甜美的声音说"嗨，我在教堂地下室"，那么可以免去多少苦痛啊。

如果你要使用亚历山大·格拉汉姆·贝尔[2]的产品——也就是电话，那么，出于礼貌，你就应该按照他期待的方式使用。贝尔博士坚持强调所有电话在接听的时候都要说"啊嗨，啊嗨"

---

1 万一你用得上的话，杀死这些人的词分别如下：uxoricide（弑妻）、mariticide（弑夫）、fratricide（弑兄弟）、sororicide（弑姐妹）、matricide（弑母）、parricide（弑父）、filicide（弑子）。
2 Alexander Graham Bell（1847—1922），美国发明家，发明了电话。获专利18种，包括电话、电报、航天飞行器、水上飞机等。

（Ahoy，ahoy）。没有人知道他为什么这样规定——他和海军没什么联系——但他总是那样接起每一个电话，但没有其他人这么做。人们都采纳了他的老对手爱迪生的建议，说"哈喽"（hello）来接电话。这似乎有点儿不公平。

20世纪，电话在声音的复制上取得了长足的进步，从远处传来的、失真的声音变得既清晰又亲密。就在获得这样的改善之后，我们决定接受一种全新的挑战，又将电话转变为手机。所以你又能得到这种复古的体验了，感受那噼里啪啦的杂音、断裂的连接，还有少得可怜的信号格。

士兵和宇航员长年累月与飘忽不定的线路杂音打交道，他们研发出了一种叫作"声音程序"的东西，用以消除各种扰人的情况。例如，假设你是一位海上警察，在和一艘正在下沉的船的船长通话，你当然不想浪费十分钟的时间进行这样的对话："你能听到吗？""我能听见你，你听得见我吗？""我没听见你刚说的。你说得是你能听见我说话吗？"抛开上百条人命葬身于汹涌的波涛之下的事实不讲，光是这样的对话，就足够让人恼火了。所以，海上警察不会说："实在对不起，我不太听得清。能不能重复一遍？"而是会直接说："再说一遍。"假如现代的手机通信中也总是信号不好，也可以应用他们的惯例。以下是一些重要的规则：

Roger（收到）指的是"我听得非常清楚，奶奶"。这是因为 roger 和 received 两个词都以 R 为首。碰巧的是，roger 还可以用来表示"性交"，这层意思使 roger that（听到）和 roger so far（到目前为止听明白）这两个术语听起来相当搞笑。（Roger 还可以表示"一个流浪乞丐假扮成从牛津或者剑桥来的穷学者"，至于为什么有这层意思则无人知晓。）

Wilco（照办，它是 will comply 两个词的缩略词的组合）指的是"绝对地，奶奶，我一定会记得要穿暖和点儿"。

Copy（重复）指的是"是的，我听到你刚说的了。不需要重复"。

Reading you five（听得一五一十）："是的，我这头的线路非常好。"

Wait out（等回头说）指的是"我不知道，我可以改天给你回电话吗？"

另外，最重要的一点，如果聊天中涉及天气或者今晚去酒吧该坐哪一趟公交车的说明，都要在前面加上"注意"（securité），意思是"我有重要的天气、航行或者安全方面的信息要传达"。

以上这些都明白了吗？好。那么一通典型的打给你亲爱的老妈的电话很可能是这样的：

'Ahoy, ahoy! Just feeling matriotic and thought I'd give you a call.'

'Darling! So lovely to copy that.'

'Roger that. How are things?'

'Securité! Securité! We've had such glorious weather this morning that I was out in the garden, but then Securité! Securité! it began to drizzle a bit so I came inside. Now, when are you going to come up and visit us?'

'Wait out.'

'It's been five years.'

"哈嗨，哈嗨！我只是觉得自己有点儿'爱母亲'情结，所以想给你打个电话。"

"亲爱的！很高兴听到你这样说。"

"收到。怎么样？"

"注意！注意！我们这里今天早上有过一阵子特别棒的天气。我在外面的公园里，但是后来，注意！注意！天开始下蒙蒙细雨，所以我就跑到室内了。现在，你什么时候要来看望我们？"

"等回头说。"

"都已经五年了。"

咔嗒。电话挂了。家庭责任与孝心都尽到了。正如十诫中所言:"当孝敬父母,使你的日子在耶和华——你神所赐你的地上得以长久。"这是唯一一条带有允诺的诫命。

第十章

下午三点：努力让其他人工作

发现目标—大声呵斥

Finding them—shouting at them

03:00 pm

为学日益，为道日损，损之又损，以至于无为。

　　　　　　　　　　　　——《道德经》，公元前5世纪

　　截至目前，我一直把你假设为下属，一个在残忍监工的奴役下挥汗的人，所以我为你提供了一些必需的词语，用以表达懒于工作时浪费时间的状态。这不太公平，而且可能低估了你。你很可能是一个captain of industry（行业领导者）、tycoon（企业大亨）、big shot（大人物）、buzz-wig（贵族）、king-fish（掌权人）、mob-master（暴徒首领）、satrapon（主管）、celestial（身居高位者）、top-hatter（行业翘楚）、tall boy（高个子），或是Fat-Controller（胖主管）。如果你符合以上任何一个，逃避工作就恰恰拥有了截然相反的意义：你必须在你的商业王国里巡逻，找到可以委以重担的人，同时需要一些可以这么做的词语。

　　你必须抓住那些懒惰的lolpoops和loobies——那些不属于人类高效组织的员工——然后朝他们喊"Imsh"，这是一个"二战"时期的表达，意思是"快去工作！"

Finding them
发现目标

但是首先，你必须得发现他们，假如你的员工是micher的话，那就有点儿麻烦了。根据约翰逊博士的词典，micher指的是"懒惰的、无所事事的、总是躲在角落或偏僻处以免被人看到的人，是个'篱笆爬行者'（hedge creeper）"。Hedge creeper指的当然就是"篱笆上的小偷、躲在篱笆下面偷懒的人、可怜的无赖"，这是法默（Farmer）《俚语与其对应物》（*Slang and its Analogues*）里的解释。

首先，要对办公室里面的篱笆下面做全面检查，这只是一场简单的追击，除非你管理的是一只对冲基金（hedge fund）[1]。处理了hedge creeper之后，你还要关注latibulater，其意思是"藏在角落里的人"。事实上，你可以简单地在办公室的每个角落都立一个NO LATIBULATION（禁止角落潜藏）的红色大写标语，这样就能节省自己的时间了。虽然这样不能完全解决问题，因为坚定的latibulater还可以incloacate，也就是把自己藏在厕所里。Incloacate并不是一个普遍的问题，但在

1　对冲基金在英文中与篱笆是同一词。——译者

17世纪一名逃犯的诉状上，就写有该逃犯"私自躲进厕所"。
Incloacater很可能是最难打交道的micher，对付他们的最好方法应该就是把厕所弄得十分恶心，这样就能把他们赶出来了。只要用硫醇（mercaptan）在相关的房间里喷一喷，就可以轻松达到目的。硫醇是氢硫基族中一种散发恶臭的复合物，闻起来像大便。

Shouting at them
冲他们大声呵斥

　　一旦你所有的那些chasmophiles——角落和缝隙的爱好者——都被打回到办公桌和文件架前，你应该好好地教训他们一下。然而，斥责的话也应该小心选择，应该符合像你这样的主管的身份。你可以采取比较严厉或平和的态度，只要你的斥责足够令人难忘，足以让他们永生难忘就可以了。对任何人的责备都不要超过每星期一次。17世纪有一位牛津大学的教师，他的谩骂被认为十分高雅，以至于约翰·奥布里（John Aubery）在其《简要的人生》（*Brief Lives*）中留下了对他的一整段记录，此人名为拉尔夫·克特尔（Ralph Kettell）博士：

......他的风格是在学院里面蹿上蹿下，从钥匙孔往里面窥探，看看男孩们有没有在看书......当他斥责学院里懒惰的年轻男孩时，他会使用这样一些名字——Turds（卑鄙之人）、Tarrarags（流氓之辈）——指的都是最严厉、最粗鲁的流氓；Rascal-Jacks（闲人）、Blindcinques（瞎晃的人）、Scobberlotchers（懒汉）——这些人倒是无害，头脑要清醒一些。他们总是把手插进裤兜，在果园里闲逛，数着果园里有几棵树。

看上去，有这么多词语已经足够你表达了，但是很明显，事实并非如此，正如奥布里提到的：

圣三主日时他通常会在学院里布道，而其他学院的一些学者会专程来嘲笑他。

所以你的斥责一定要超越克特尔博士的发明。你可以试试向约翰·弗洛里奥（John Florio）1598年版的《词语世界》（*Worlde of Wordes*）求助，找下面这个词：

一块shite-rags（屎碎）：一个无所事事、懒散、愚蠢的家伙。

……但这些会使你陷入麻烦。老实说，可以用来表示懒汉、闲人、爱磨蹭的人和又懒又笨的人的词语要多少有多少。为了节约时间，或许你想一次性把他们都喊到了，这个时候你就需要知道一个关于懒汉的集合名词，即lounge。然而，通过引入drogulus（指无法证实其存在的无形实体）的概念来增加哲理感，可能会更加有趣。

Drogulus是由英国哲学家A. J. 艾尔发明的纯粹理论概念。艾尔值得每个人花时间向他致敬，即使不是因为他的思想，至少也是为了他曾以77岁的高龄阻止麦克·泰森（Mike Tyson）攻击一位名叫内奥米·坎贝尔（Naomi Campbell）的年轻女模特。那是在纽约的一次派对上，当艾尔出手干涉时，泰森问他："你知道我他妈的是谁吗？我是重量级世界冠军。"艾尔这样回应："我之前是威克姆（Wykeham）逻辑学教授。我们都在自己的领域非常出众。我提议我们应该像理性的人一样谈一谈这个问题。"说话间，坎贝尔小姐溜走了。

我们回到drogulus上来：这个奇妙的词源于1949年艾尔和一位牧师之间关于有意义与无意义的事物展开的那场不怎么有趣的争论。艾尔声称，只有当你能够证明一件事物是真的还是假的，你的论断才是有意义的。所以只有当你能够明确说明什么使你相信或者不相信的时候，"上帝存在"才是有意义的论断。艾尔发明了drogulus，这是一个对任何事物而言都没有具体影响的概念。

　　于是你说，"那么我该怎么判断它到底在不在那里呢？"我回答道："没有方法可以判断。无论它在不在那里，所有的事物都还是一模一样。但是事实上，它就在那里。"

Drogulus依然是一个具有猜测性质的认识论上的哲学术语，但是它很容易引入所有的管理话语体系中。对懒惰的员工而言，还有什么比"You drogulus"（你这个无形实体）更好的侮辱呢？听起来有点儿像dog（狗），又有点儿像useless（无用）。假如你的下属跑到劳资仲裁处哭诉，他们或许还会对你的博学广识大为赞赏，然后引用艾尔的话："无论你在还是不在那里，凡事都是一样。但事实上你就在那里。"

　　当然，一切的前提是，总是有一些事情需要完成。如果没有什么要做的事情，那身为主管的你负有掩盖事实的责任。自有领导阶层以来，这就是领导力的核心，而且由此衍生了各种各样狡猾而富有创造力的对策。比如，四月一日通常要派年轻的雇员去给领导买pigeon milk（鸽子奶，也比喻不存在的事物）。每个售货员都指点他们去街角的某个地方，于是他们就花上一整天时间为了这样一件sleeveless errand（无厘头的差事）在城里转悠。

基于完全一样的原因，现代的英国陆军新兵经常要被指挥官派去寻找 the keys to the indoor tank park（室内坦克停车场的钥匙）。诚然，战争的无用与基础训练的无用相比是微不足道的。

即使已经把员工派去围着下奶的鸽子团团转了，你还是要像鹰一样观望他们，以防他们只是 eye-servants（老板看着才干活的人）和 lip-labourers（单靠嘴巴的人）。

EYESERVANT（由 eye 和 servant 组成）：指一个只有在被看着的时候才做事的仆人……

Servants, obey in all things your masters; not with eyeservice, as men pleasers, but in singleness of heart. Cor. I ii.22 你们作仆人的，要凡事听从你们肉身的主人，不要只在眼前事奉，像是讨人喜欢的，总要存心诚实敬畏主。（《歌罗西书》3：22）

LIP-LABOUR（由 lip 和 labour 组成）：指只动嘴说话，不动脑思考；说的还都是没有观点的话。

Christ calleth your Latyne howres idlenesse, hypocresye, moche bablynge, and lyppe-laboure. Bale, Yet a Course.（1543）基督称你的拉丁马无所事事，虚伪，胡言乱语，只有嘴巴活动。不幸，但却是一个过程。（1543）

Eye-servant要比之前提及的哈欠未至的人更加糟糕，因为你以为他们正在工作，实际上他们正在打盹、和朋友煲电话粥、发推特、发信息、沉溺于网络购物（oniomania），以及其他形式的工作伪装之中，而不是工作。这样的人就是公司业务之健康肢体上的水蛭，一定要加盐浸渍。

Dressing down
狠狠地斥责

这时候，你可能要去把他们都找来，开"一场没有咖啡的会议"（a meeting without coffee）。这个词超级有用，是由英国国防部发明的，将温和的措辞与微妙又恶毒的威胁融合在了一起。在国际舞台上，某个国家的国防部会在任何他们想要威吓的讨厌国家旁边开展海军演习或者导弹测试。而在他们内部，开一次没有咖啡的会议也能达到同样的效果。会议是这样进行的：一个高级官员的秘书会给下属打电话要求安排开会。下属在电话中大概会这样说："噢，那太好了。我们主动在英国陆军的坦克里放置茶壶的新倡议实在令我感到激动[1]，我想要讨论一下是不是有可

---

1 当然，这是我编造的例子。事实上英国陆军的坦克中都有泡茶的设备。千真万确。

能……"但是秘书这头会用可怕的话打断对方:"事实上,这会是一次没有咖啡的会议。"

秘书说得轻巧又友好的样子,但是下属明白这话的真正所指——不需要征求他们的意见,他们不会被报之以微笑,他们甚至不能获许坐下来喝上一口棕色的饮料。他们要一直站在那儿,接受大声的斥责,直到他们的脚开始酸胀,耳朵嗡嗡作响(tintinnabulate)。这是一次合格的军事斥责,其精髓在于下属们在温顺地用铅笔将会议记录到日志里时,在前一夜睡不好觉时,在花一整个上午的时间烦躁不安、编造借口时所感的恐惧——这样的恐惧才是真正的惩罚。这是一场心理堑壕战。

但是非要如此残忍吗?难道营造一个人人都感觉受到重视的有爱互惠的办公室环境不好吗?是的,不好。我要向你介绍马基雅维利(Machiavelli)。

有人问,是被人爱戴比让人害怕要好,还是让人害怕比被人爱戴更胜一筹。我认为二者都很必要;但是将二者统一非常困难,而我们必须决定是此还是彼,这种情况下,我认为后者(让人害怕)最安全。人通常都是忘恩负义的,他们善变、胆小、矫饰又自私,而这些是能够容忍的;如此一来,他们获得了本属于你的那一份利益;如我之前所说,他们要为你提供他们的财富，血液，生命，还有他们的后代，但是当有所成就之后，他们就会背叛你。

明白了吗？好。现在，被人看着才工作的 eye-serving drogulus 都被召来参加没有咖啡的会议了，下一步就要弄明白到底要说些什么。先说点儿好听的总没错，而且，根据自助管理手册的建议，要向历史上最伟大的管理者学习。当成吉思汗占领布哈拉的时候，他让城里最优秀的公民都跪在他的面前，发表了一番鼓舞士气的讲话：

> 我是上帝的惩罚。如果你没有犯下重罪，上帝就不会向你施加我这样的惩罚。

可以把上文中的"惩罚"换成"主管"，这样你的开场白就有了。成吉思汗或许可以通过使用 theomeny（上帝的暴怒）这个词节省一些时间，但我们还是不要纠结这个了。现在你已经使他们都缓和下来，并且确定了会议的基调（还藏起了咖啡壶），接下来，你可以通过尖叫，用可怕的措辞极力坚持自己的主张："你这个 purple dromedary（紫色的单峰骆驼）！"

暂停一下，消化一下这个词。任何人得知自己是一个 purple

dromedary 时肯定都会觉得是一件可怕的事。假如你还没读过《古今伪善者术语新词典》(*A New Dictionary of the Terms Ancient and Modern of the Canting Crew*)的话，将尤其可怕，该词典中的解释是：

> You are a purple Dromedary——你是个笨蛋（bungler）或者迟钝的家伙。

如果你痴迷头韵的话，还可以在 dromedary（单峰骆驼）前加上 drumbledore（愚钝）一词，虽然这个词通常用来形容笨手笨脚的昆虫，但也可以用来形容一个笨手笨脚、不能胜任工作的人。

现在，他们的愚笨本质都已经暴露完毕，你可以使用任何英语中针对不可救药的愚笨之人所创造的词汇来压制他们，比如：maflard、puzzlepate、shaffles、foozler、juffler、blunkerkin 或者 batie-bum。假如你觉得挑选词语这样的工作实在太低级，配不上你高级的主管身份，你还可以直接复制莎士比亚的话，他在《李尔王》中呈现了一段便于背诵的段落，其中肯特称奥斯瓦德：

> A knave; a rascal; an eater of broken meats; a base, proud, shallow, beggarly, three-suited, hundred-pound,

filthy, worstedstocking knave; a lily-livered, action-taking knave, a whoreson, glass-gazing, super-serviceable finical rogue; one-trunkinheriting slave; one that wouldst be a bawd, in way of good service, and art nothing but the composition of a knave, beggar, coward, pandar, and the son and heir of a mongrel bitch: one whom I will beat into clamorous whining, if thou deniest the least syllable of thy addition.

一个无赖；恶棍；吃碎肉的；一个下贱、骄傲、浅薄、叫花子一样、只有三身衣服和一百英镑、肮脏、穿着毛线袜的无赖；一个胆小好争的流氓；一个妓女生的、爱慕虚荣、好逸恶劳的恶棍；一个坐吃山空的奴隶；一个愿意成为老鸨的人，多管闲事，是无赖、是乞丐、是流氓，是杂种母狗的儿子和继承人：如果你不承认这些头衔，我会把你打到直叫唤。

在莎士比亚看来，简单地堆砌人身攻击词语要比显得聪明有效得多。还有，或许你还可以考虑一下这几个词：

Finical = excessively fascitidious（过分苛求）

Super-serviceable = officious（多管闲事）

Action-taking = litigious（好争论）

碰巧的是，《牛津英语词典》将《李尔王》那段视为"son of a bitch"的最早出处。再次证明，我们欠这位游吟诗人[1]很多啊。

员工们现在很可能正流着泪，颤抖着祈求怜悯。一点儿都不要同情。假如他们哀求的话，你只要用深沉忧郁的声音说"Gabos"，然后摇摇头。

Gabos（或 G. A. B. O. S.）是 Game Ain't Based On Sympathy（游戏并非基于同情）的首字母缩写。所指即是游戏《迈阿密黑帮》里的嬉闹世界，在那里，那些热情又讨喜的地头 narcotraficantes（毒贩）把他们的生活、行为模式、贩卖活动还有偶然的争吵都称为"游戏"。与板球运动不同，这种游戏没有权威、没有规则手册、没有职业裁判，甚至连等同于"威兹登"（Wisden）[2]的出版物也没有。事实上，谁也不清楚这个游戏到底是以何为据，但是大家就"游戏并非基于同情"达成了一致意见，所以对倒下的流氓拳打脚踢，或者当他们俯卧在地的时候迅速把一个瓶盖塞进他们的屁股，这样的做法完全合理。看起来，这个缩略语仅仅是漫长的淘汰过程的一个开始，通过这样的淘汰，人们最终会发现

---

1 The Bard of Avon，艾芬河的游吟诗人，莎士比亚的别称。——编者

2 《板球圣经》（*Wisden Cricketers' Almanack*），每年在英国出版的板球参考书。——编者

"游戏"的坚实基础，与此同时，所有的混乱都得以澄清。

这个首字母缩略语体现出了人们对游戏中处于劣势但表现勇敢的一方缺乏同情，这个词在20世纪早年产生，经由说唱歌手和纪录片的传播得以流行。所以这个词现在不再是迈阿密人独享，我听说，它已经进入英国下议院的通用语中。在办公室使用gabos这个词会给你增加一种潇洒的歹徒气质，你那受到惊吓的下属肯定会提高效率。

可以用rightsize（调整人员结构）的威胁来结束责骂。Rightsize是downsize（裁员）的委婉说法，而后者是streamline（精简组织）的委婉说法，而再后者是，you'll sack the whole sorry lot of them any day now（你随时都可以解雇他们）。这样做更可取，避免了不少疑惑，因为sack一词在词典里有好几种意思，包括：

Sack：把（一个人）放到麻袋里淹死。

1425, *Rolls of Parl.* IV. 298/2: Ye said Erle lete sakke hym forthwith, and drounyd him in Thamyse. 您说伯爵让人把他放麻袋里，投到泰晤士河里淹死。

噢，当主管的日子真是令人兴奋啊。既然你已经把大家都聚到桌子边，又吼了好几个人，还给每一个愚蠢的purple dromedary灌输了对上帝和失业的恐惧，那对你这个优秀的主管来说，也没什么其他可做的了。你就打打高尔夫球，领领工资吧。而且，茶歇时间到了。

第十一章

下午四点：茶歇

04:00 pm

说到茶，英国的贵族会喝一杯tea，而工人阶级喝的则是cha，看起来似乎非常奇怪。在这种情况下，工人阶级完全正确。Cha这个词指的是中国官话里"茶树"（Camellia sinensis）的浸泡物。而tea仅在福建港口地区使用，茶叶正是从那里运往欧洲。所以，假如人们想要显摆自己非常潮，那应该说cha。而只有当你充满了俗不可耐的nostelgie de la boue[1]情怀时才会说tea。

最早关于茶的论著是公元8世纪的作家陆羽所著的《茶经》。"茶"这个名字连同这种植物一起被进口到日本，在日本，真正爱喝茶的人不仅是茶的狂热爱好者，而且是"茶道"（Chado）的追随者。Chado，即茶之道（其中do发音为doh，是"方法"的意思）。

茶道是一种为了获得精神启迪而进行的既神秘又神奇的喝茶仪式，比起节食和自我鞭挞要有趣得多。茶道中有一种说法——"茶の湯"（chanoyu），字面意思是"茶的热水"。然而，我们这些低级的西方人只满足于廉价的茶包和电茶壶，很难欣赏茶那晦涩的东方神秘色彩。

在日本通行着一种智慧，即"茶禅一体"。这或许会使你相信，仅靠饮一杯玫瑰茶就可以练习禅道了。实际上并非如此。茶

1　这句法语的意思是"对泥土的乡愁"，指上流阶层渴望拥有下层阶级承受的苦痛。

道大师村田珠光说，除非你思想纯净，否则根本不能喝茶。我通过实践否定了这条命题。

最伟大的茶道大师要数公元16世纪的千利休。他使用茶壶的技术之精良甚至引起了国君的妒忌，后者命令他"切腹自杀"（seppuku）。千利休创造了历史上最精良的一杯茶，之后他摔碎了茶杯，顺从地倒在了剑下。

英语中确实也有一些类同于茶道思想的词语。诗人雪莱因为写了一份签名为"一位无神论者"的《无神论的必然》（*The Necessity of Atheism*）的小册子而被牛津大学开除。但是私下里，他却直率地承认自己是一个"有神论者"（theist）。他这样说并非指宗教意义上的神，而是指他对茶的痴迷（茶在法语里是 thé）。众所周知，"茶主义"（Theism）在英国一度成为一种流行的信仰。1889年《柳叶刀》上刊登的一篇文章写道：

> 美国和英国是受过度消费茶叶这个病症折磨最严重的两个国家。每个人都可能会以各种不同的方式深受折磨。谈论急性、亚急性，以及慢性"茶主义"——与神学事务没有任何关系——已经成为惯例。因职业或热情而成为"茶主义者"都是有可能的……每一种病理症状都有可能追溯到茶叶的诱因。

考虑到对茶的热爱既是一种信仰，也是一种镇静的需要，所以人们为粗工劣质的茶叶发明了各种各样可怕的名字，这倒一点儿都不奇怪。比如，太淡的茶可能被冠上一系列的恶名，如cat-lap（猫膝盖/稀薄饮料）、husband's tea（丈夫的茶/极淡的茶）、maiden's pee（少女的尿/淡茶）。一个把茶煮得过淡的人可能会被人说成drowned the miller（淹死了磨坊主/掺水过多），至于为什么这么讲，原因不得而知。

与这种淡茶相反的是浓茶，后者就像大风吹过你的大脑，把你惊醒。因此，第二次世界大战中的英国士兵会把好的浓茶称为gunfire（炮火），因为它所产生的提神效果不亚于来自敌方的进攻。

这种咖啡因中毒也绝不是什么新情况。根据一则可靠的日本传说，有一位名叫菩提达摩（Bodhidharma）的僧人曾发誓要花九年的时间目不转睛地盯着空无一物的墙面。没有记录说明他为什么想这么做，但这被视为一件非常神圣的事，而且似乎没有人跟他提过这可能只是浪费时间。但据说只过了五年，他就厌倦了，打起了瞌睡。当他醒来的时候，墙依然屹立不倒，而他自觉羞愧，为了确保这样的事不再发生，不再错失一丁点儿凝视的乐趣，他把自己的眼皮割下来丢在地上。眼皮生根发芽，长出了第一棵茶树。菩提达摩决定制作叶子的浸泡液（想来这是不可能不让视线离开墙壁的——关于这点我至今还没搞清楚），第一杯茶就此产生，其中包含的咖啡因足以使他在接下来的四年里保持清醒。

现在让我们来谈谈沏茶。茶壶嗡嗡作响，这时候你首先要选择一种茶叶。下面我们先快速浏览一下茶的不同词源。

查尔斯·格雷（Charles Grey），即格雷伯爵二世，是一个伟大的人，他在22岁的时候就成了议会议员，并在1830年至1844年间担任英国的首相，通过《1832年改革法案》，废除了奴隶制。但是让他闻名于世的主要是其对佛手柑油味道的茶的喜爱。茶商一厢情愿地想把自己的商品和这样的人物联系起来，于是给他强加了这种嗜好。格雷夫人[1]也是茶商在咖啡因作用下想象的虚构人物。

Lapsang Souchong（拉普山小种），字面意思是"拉普山产的小植物"。有一个相当不可信的故事，说有一支达到拉普山的部队想要得到当地的茶叶，但是收到的作物还很潮湿，于是赶忙把茶叶都放在用松树枝生的柴火上熏烤，因此茶叶上多了烟熏味。

Ceylon（锡兰），斯里兰卡的旧名，来自梵文里的Sinhala，意思是狮子的血脉。这有些奇怪，因为斯里兰卡根本没有狮子。

Assam（阿萨姆），意思是"不规则的"或"无与伦比的"。

---

1 即Lady Grey Tea，是格雷伯爵茶的变种，回味相对柔和。——编者

161

如果是前者的话，可能与印度东北部崎岖不平的山地有关。若是后者，或许是因为该地区古代的统治者自以为天下无敌。

Darjeeling（大吉岭），来自喜马拉雅山大吉岭地区的茶，这个词的意思是"金刚之洲"，这要一直追溯到金刚佛法（Vajrayna Buddhism）的宗教活动。Vajra 有"金刚石"的意思，因此Vajrayana 通常被翻译为 diamond vehicle（金刚乘）。然而，另一个故事说，大吉岭是以一块石头命名的，人们过去常常聚集在这块石头前说长道短，这块石头在方言中叫作 Taji-lung。第二种词源更加可信，因为茶总是和流言蜚语紧密相关，甚至在英语里也是如此。有人曾经把茶叫作 chatter broth（聊天汤），还有人管它叫scandal broth（丑闻汤），比如下面这篇1801年一位虔诚农民的哀诉：

> … we never have any tea but on Sundays, for it will not do for a hardworking family, and many of our neighbours call it Scandal broth.……除了在周日，我们从来都不喝茶，因为它并不适合于一个努力劳作的家庭，我们的很多邻居把它叫作"丑闻汤"。

维多利亚时代的人以一种简练的方式直接对茶做出了这样的解释：

BITCH, tea; 'a bitch party', tea drinking.

（贱人聚会，喝喝茶。）

无论如何，茶壶里的茶应该煮得差不多了，可以沏杯茶啦。绝对不可以拖太久，否则的话，茶就会"泡过度"（overdrawn）或者"有一股壶味"（potty）。所以，紧握茶壶柄（术语为boul，剪刀的把手也是这个词），然后把这个bitch倒进茶碗吧。

Skeuomorphs
拟物设计

普通茶碗的把手就是一个"拟物设计"（skeuomorph）的经典例子。19世纪，摄影还处于襁褓之中，曝光需要很长时间，正在走路的人被拍摄下来后会变得一片模糊，他们身后会有重影飘出来。由此，人们将一个概念引入绘画中：物体的运动可以通过运动物体身后飞射出的线段来表达。摄影改变了我们的视觉认知，也改变了其他媒介的表现方式。观众在看到一幅模糊的画作时会想："啊，这家伙在跑。通过摄影技术的缺点，我知道了这种现象。"试想一下：你真的见过一个跑步的人在身后留下线条吗？

由此产生了一个术语——拟物设计。拟物设计是一种技术的局限，尽管已经可以避免，但人们还是会对其刻意模仿。我的数码相机有一个小喇叭，当我拍照的时候，它能够发出一种咔嚓的噪音，就像一部老式的机械相机。

从前的茶碗上有一段可以刚好把手指放上去的把手。那真的是可以"把着"的把手。但现在，把手只是一种拟物设计的装饰，仅仅代表了有用的记忆。

现在，茶刚刚好，热滚滚的，你可以召集你的thermopote（喝热饮的人）同伴了。你可以用一句平淡无奇的呼喊——"茶好了"（Tea's up），但要是想有一点儿热带风情的话，那就非这句18世纪的词典中收录的词条不可：

CONGO：Will you lap your congo with me？你想不想和我喝杯茶？

你还可以加一些moo juice（牛奶），但是正如菲尔丁[1]所说："爱与丑闻是茶最好的甜味剂。"

1　Henry Fielding（1707—1754），英国小说家、剧作家，曾写过政治讽刺喜剧，英国现实主义小说奠基人之一。——译者

Reading your future

解读未来

聊完了一天的八卦，茶也消灭得差不多了，那就检查一下茶叶残渣，看看未来会如何发展吧。这就是tasseography（解读茶叶），据我所知，目前只有一部关于这个话题的作品，"一位高原预言家"写的《读茶碗与用茶叶算命》（*Tea-cup Reading and Fortune-Telling by Tea Leaves*，1920）。书中包含了一个词典，或者说是一张"符号与意义"表——实际上二者没什么区别。其主旨是通过观察茶碗里剩下的茶叶，看看你是不是能从中看到一些熟悉的形状。我仅摘录部分我认为最为紧要的内容，如下所示：

飞机：事情不成功。

獾：长寿又成功的单身汉。

大炮：发财。

汽车、马车：即将发财，朋友来访。

驴：一笔等候许久的遗产。

蚂蚱：好友要当兵。

袋鼠：生意上或爱情上遇到对手。

水壶：死亡。

鹦鹉：长期居住在国外的征兆。

雨伞：烦恼或麻烦。

紫杉：预示着一位老人将去世，他会将财产留给顾问。

斑马：到国外旅行或冒险。

第十二章

下午五点：真的在工作

诚惶诚恐—截止日期—放弃—从雇主那里窃取—离开
Panicking—deadlines—giving up—stealing from your
employer—leaving

05:00 pm

今天的工作快要结束了。我不想让人觉得很残忍，但是现在确实该停止闲晃游荡，得踏踏实实地干点儿活了。

当五点的钟声敲响时，你可能会望眼欲穿地想着自己即将错过的"黄昏幽会"（cinqasept）。这个法语词或许可以有效地说明法国这个国家和他们整体的工作习惯（如果只是远远观望的话）。Cinqasept的字面意思是"从五点到七点"，但是它在法语中的实际所指是：

> 约会情人或妓女，传统上这样的约会都是安排在下午五点到晚上七点之间。

正是"传统上"这个词说明了你得恶补高卢人的道德观。噢，变成法国人吧！但现在已经太晚了——只剩一个小时的工作时间了，而就我所知，你离什么都没做只有一步之遥。因此，你得尝试把dieta（一天的工作量）挤入那可怜兮兮、满是疯狂和混乱的（betwattled）一小时里。世界末日正朝我们逼近。

从技术层面上讲，我们正处于工作的"末世"（eschaton），这个词准确地表达了世界末日到来前的喧闹。假如你是那种严谨的人，你会说启示录并不是世界的终结，启示录仅仅是对末世的"灵视"（vision）。所以，圣徒约翰的启示录——也就是通常认为的《启示录》(*Book of Revelation*),写的就是启示录或者天启,就是上帝让我们生存的这片悲哀混乱之地终结时最后会发生的事。严格地从语言学角度看,《现代启示录》(*Apocalypse Now*)这个名字并不值得太担忧。

所以干活去!时间滴答滴答就过去了。假如我们还想做点儿事情的话,那就不能去想诸如"黄昏幽会""末日启示"之类的事情。我们必须认真地着手处理"突发情况"(fit of the clevers),据说司各特爵士[1]的女仆就是用这个词描述突然发生的活动的。

俄罗斯人有一个特别棒的词可以用来形容这样的工作安排:他们管它叫shturmovshchina(小暴击)。这个词非常有用,所以有必要记一记它的发音。它指的就是在截止日期前疯狂工作,而在上个月却什么都没有做。该词前半部分的元素是"风暴"或者"攻击"的意思,后半部分是一个具有贬义的后缀。

这个词起源于苏联。在那里,工厂都由国家安排生产目标、定额和其他的荒唐东西,但却不给材料。所以工厂的人都跷着二郎腿坐着,将工具搁置,直到必需的材料运到。只有等到截止日

---

1 沃尔特·司各特爵士(Sir Walter Scott,1771—1872),英国苏格兰小说家、诗人,历史小说首创者,浪漫主义运动的先驱,主要作品有《玛密恩》《湖上夫人》和历史小说《威弗利》《艾凡赫》。——译者

期近在门口，古拉格[1]开始招手了，他们才会恐慌，抓住近在手边的任何东西，开始马马虎虎、敷衍了事地工作起来，或者说是"小暴击"（shturmovshchina）。这是一类特别有用的词，应该列入简历中的特长一栏。

据称，隐修士赫尔曼[2]卷入了一桩"邪恶的小暴击"（Satanic shturmovshchina）。赫尔曼生活在13世纪波西米亚（大约是现在的捷克共和国）的中部地区Podlazice。赫尔曼不像其他的僧人那样祷告、禁食、持守贞洁的生活，他几乎从来都没有过美德。隐修士赫尔曼是一名恶僧。

没人知道邪恶的赫尔曼擅长哪一种具体的罪恶，但是他已经足够吸引修道院里其他僧人的注意。他们断定他已经超越了正常的救赎或惩罚范围，于是决定关他禁闭（immure），也就是把他关进一间屋子，然后在原来门的位置修起一堵墙。等这些都做完的时候，他们就安定下来，像善良的基督徒一样，静静地等待恶僧饿死。

隐修士赫尔曼当然不想死。他还有其他各种各样特别罪恶的事情要去做，他觉得自己罪恶生涯的鼎盛时期被切断了。所以，

---

1 苏联的一个机构，负责管理全国的劳改营。——译者

2 Herman Inclusus，也作Herman the Recluse，据说他是13世纪本笃会的僧人，是《魔鬼圣经》的作者。——译者

他做了一项交易，写一本书来赎他的罪，但似乎没有人完全了解这场交易是如何以及同谁达成的。

相比现今，通过写作来忏悔的做法在当时并不那么奇怪。即使是在最慷慨的现代出版合同中，也不包括向贵族赎罪这一条，但在中世纪，这实际上是版税系统中的必然部分。比如欧德里克·维塔利斯[1]在他的《教会史》（*Historia Ecclesiastica*）中记录了一则故事，一位僧人虽然罪恶得出奇，却同时又是一位敬虔的抄写员。当他死的时候，人们统计了他写下的字数，发现字数要比他犯过的全部罪恶的数量多——多了一个。因此他去了天堂。

所以，隐修士赫尔曼签订的这个协议是他在一夜之间写出世界上最厚的一本书，以此来补偿自己的罪孽。他开始工作了，但就像大多数因掉以轻心而签下合同的作家一样，他发现截止时限就像一群大象一样向他奔来。于是他又达成了第二笔交易，这一次是和魔鬼（我说过隐修士赫尔曼是一位恶僧）。魔鬼同意帮他写出这本书，但要赫尔曼用灵魂交换。交易达成，一夜之间这本书就完成了。之后赫尔曼企图进行第三次交易，以求获得原谅与拯救，这一次是和童贞女玛利亚，我想她可能刚好当

---

1 Oderic Vitalis（1075—1142），英国年代史编者，撰写了11至12世纪诺曼王朝历史。——译者

时也在附近。然而，在密密麻麻的纸上签下名字之前他就死掉了，去了地狱。

有的历史学家和犬儒主义者质疑上述故事的绝对准确性和真实性，但是为了赶截止日期而拼命工作的作家从来都不会怀疑故事里的任何一个字。

无论如何，这样写就的这本书流传至今，它叫作《魔鬼圣经》（Codex Gigas），保存在瑞典国家图书馆。它将近一米长，半米宽，二十厘米厚，其重量比我还稍重一点儿。这部羊皮纸文稿被认为是由160头驴的驴皮制成的。这一切都展示了，假如你把所有事情都放在最后一刻，然后紧张地赶工，你将会得到什么。

因为一些不公平的原因，shturmovshchina（小暴击）这个词从来都没有进入任何一本英语词典，虽然我们确实有一个对应的词叫作charette（车上赶工）。Charette一词肇始于19世纪巴黎的建筑系学生。不同于其他大多数的大学学科，建筑系的学生往往要用很大的纸来为他们设计的建筑制作小模型。这是一桩又难又费时间的工作，同时也意味着成品笨重庞大，提交不易。

结果，到了要交作业的那一天，巴黎的建筑系学生不得不租一辆车穿过巴黎城把他们所有的设计和模型都交给考官。实际上，建筑系的学生和其他学科的同学也没有太大不同，因为他们都想把事情拖到最后一刻来做。不同的是，建筑系学生的最后时刻是在车上度过的，每年都会有一次机会见到这些将来的奥斯曼[1]坐在车上穿过巴黎的时候，仍在为自己的设计增加细节，修理模型上不太美观的部分。这就是"在车上工作"，用法语来讲就是en charette。不知道出于什么原因，在大西洋的彼岸，《牛津英语词典》为charette一词赋予了以下含义：

> 一段时间的高强度工作，尤其是为了赶截止日期而承担的工作。

某种程度上令人感觉欣慰的是，不论是被监禁在波西米亚、苏联、美好的巴黎，还是当代美国，每个人都有拖延症，都能拖到截止日期近在眼前的时候。甚至在第二次世界大战时期的英国（那时纳粹正在逼近，自由和文明处于危机之中），士兵们仍然会进行所谓的panic party（恐慌派对），以期用一个小时紧张的工作来补偿一个星期的休闲时光。

虽然panic party通常是士兵们的shturmovshchina（小暴击），但《悉尼太阳报》（*Sydney Sun*，1942）中还记载了它的另一个军事定义：

---

1 乔治-欧仁·奥斯曼（Georges-Eugène Haussmann，1809—1891），法国城市规划师，，因主持了1853年至1870年的巴黎重建而闻名。——编者

A route march is an organised shemozzle, while any rush move is a panic party.（便步行军是一次有组织的出逃，仓促移动则是一场恐慌派对。）

另外，你可能会对 shemozzle 一词感到疑惑，它其实出自《1925 年士兵与水手词汇》（*Soldier and Sailor Words*，1925）：

Shemozzle，匆忙离开，赶快从路上走开。例如，We saw the M.P.'s（Military Police）coming, so we shemozzled.（看见警官来了，我们就匆忙离开了。）

在 shturmovshchina、charette 和 panic party 之间，现在的你应该像一个一条腿的踢踏舞者一样忙碌。用 18 世纪英国乡村的话来说就是，你可能"太拥挤"（very throng）了。确实，你会失去所有的体面与自控，开始"仓促乱跑"（fisk），这个词原来的意思是"匆匆忙忙又漫无目的地乱跑"。仓促乱跑的时候最好每只手里都握着一沓纸，脑袋和肩膀之间夹着一个手机。如果你有心脏病的话，这是一天中最容易突然发病的时候。即使没有，你也可以假装来一发，以此活跃办公室气氛。这会非常合适，正如格罗斯的《本地语词典》（*Dictionary of the Vulgar Tongue*）中这样一个可爱的小定义：

> GRAVE DIGGER：掘墓者；不达目的不罢休，但也不
> 知道该往哪边挖。

你甚至可能会失去所有的意识，放弃你的 seven beller（七次铃响），这是一个海军术语，指的是刚好在换岗的半小时前喝的一杯茶。前提是皇家海军一次值班时间通常持续四小时，每隔三十分钟会响一次铃。所以八次响铃意味着结束，七次响铃意味着将近结束以及一杯茶。

顺便说一句，这也是为什么你在与人互殴的时候可以凭"击七次铃"（beat seven bells）打败对手。假如你把一个水手打到八次铃响，那就意味着他死了，他的水上值班生涯就此结束。但是七次铃响则表示"还没有完全死掉"，或者一杯好茶，这取决于你的暴力倾向。

但是，对于要在六点的钟声响起前完成所有工作而在"忙碌"（festinate）的人来说，根本没有什么所谓"七次铃响"的好茶一说。事实上，你可能被迫在做你不情愿（frobly）做的事，这意味着你可能干得很差劲。毕竟，假如一件工作值得做，那就无须处处完美。有一个新闻学上的术语可以特别恰当地形容

这种情况：quality of doneness。这个术语最早起源于美国《旗帜周刊》（*The Weekly Standard*）在2005年举行的一次编辑会议。编辑们正在讨论是否要采用一篇并不是非常好或达标的文章。每个人都觉得文章本可以写得更好一些，直到主编指出了文章的一个重要优点。它可能并不具备最高的写作质量，但是它具备了任何一篇文章都有的一种重要的特点：成熟度质量（the quality of doneness）。

假如某物具备一定的成熟度质量，你就可以原谅它被做得敷衍了事（half-arsed）、粗制滥造（crawly-mawly）、平庸乏味（frobly-mobly）。

假如还不至于如此，那总是可以推迟到明天，这就是拖延（procrastinate）这个词的准确定义了：前缀pro-表示"为了"，后面的词素crastinate表示"明天"。确实，既然你可以把它拖到后天，那为什么要拖到明天呢？对此还有一个术语，将任务perendinate（滞后），对于这样一个常见行为而言，这是一个罕见的词语。

这么晚了，你可能会忽然患上"自由病"（eleutheromania），或者说"对自由的疯狂欲望"。卡莱尔[1]在《法国革命史》中提及

1　托马斯·卡莱尔（Thomas Carlyle，1795—1881），苏格兰散文作家、历史学家，著有《法国革命史》《论英雄、英雄崇拜和历史上的英雄事迹》等。——译者

过这个词，但从此就没有再见过这个词。这是一个莫大的遗憾，因为这个词可以在各种场合使用。当你想要从无聊的社交应酬中脱身时，就可以可怜巴巴地向主人解释说，你多么想要留下来，但遗憾的是碰巧你的"自由病"发作了，所以必须要请他们原谅。而在工作日即将结束的时候，自由病发作得最厉害。

所以，如果所有的工作都在拖延，那就放弃直接走吧。但在离开办公室之前，你或许应该认领一些必需品（estover）。必需品是贵族阶层授予你这个忠诚的仆人可以享受的津贴。你可以从主人的森林里拿些木材来修理自己的小屋，或者从主人的井里打水，或者从主人的冰箱里拿牛奶，或者从主人的文具柜里拿圆珠笔，或者从主人的洗手间里拿卫生纸。没有人会反对，尤其是在没有人看到的情况下，谁会留意那一点点小玩意儿（niffle）呢？Niffle 是约克郡的方言，指小事或者没什么价值的东西，作为动词，表示的则是"没有做什么事"，或者"一次偷一点点东西"，这儿拿一点儿、那儿拿一点儿，到最后还是可以拿到许多圆珠笔的。

这些几乎都是合法的，也完全合情合理。对此，生物学家甚至也有一个词来形容：lestobiosis（窃食共生）。这个词是从希腊语的 lestos 而来，意思是强盗，而该词中的另一个部分 biosis 意为"生活的方式"。《牛津英语词典》这样定义这个词：

在某些群居昆虫中发现的一种生态共生关系，小的物种会占据更大的物种的巢穴，以储存在其中的食物或大物种的卵为食。

所以，如果拒绝给予办公室工作者连卑微的蚂蚁都享有的权利，那似乎太不公平了。所以，抓几支圆珠笔吧，或许还可以抓几把椅子，然后冲向通道（vomitoria）。

Vomitorium 并不是指古罗马人在宴会一半时呕吐、给下一道菜留出的空间。那是虚构的故事。它实际上只是建筑物的一条出口通道，通常指剧院出口。但这个词也适用于其他任何建筑。试想一下，这些办公大楼把快乐的员工"吐"到晚风中，是多么诗意可爱的画面啊。

第十三章

下午六点：工作结束

四处漫步—晚上的安排

Strolling around—arranging your evening

06:00 pm

现在到了紫罗兰色的黄昏时刻，暮色苍茫（说的是一般情况），太阳坠入西边的海岸，夜幕降临。如果此时此刻你正在仲夏时节的北极圈内阅读本书，我要诚挚道歉——我只能说一般情况。

正如我所说，时正黄昏（cockshut，字面意思是把公鸡关起来），"夜晚将至，家禽们都要回窝安歇了"。天空被云层遮蔽（obnubilate），或暗了下来，各种各样以 vesper-（黄昏）打头的词都出来了，在暮光中嬉戏。

当金星（Venus）在黄昏时分闪耀的时候，它就变成了"长庚星"（Hesperus），也就是昏星。假如你把 Hesperus 的 H 发成 V 的音，那你就能享受到教堂的晚祷（vespers）服务了。从 vespers 这个词又可以演化出 vespertine（傍晚的）、adversperate（接近满月之夜）以及 vesperal（晚祷书），还有 vespertilionize（变成蝙蝠）。对于不相信有吸血鬼的人，我不确定最后一个词是不是真的有用。但是假如你信，这会是个非常有用的词。

和 vespers 相关的最棒的词是 vespery（晚间活动），指的是巴黎索邦大学的学者们在晚上进行的辩论练习。它曾出现在 17 世纪的几种英语词典里，但现在已经差不多销声匿迹了。这实在令人遗憾，因为它是一个特别棒的包罗万象的词，能够指代各种各样工作结束后做的事情。你的晚间活动可能包括去健身房 [假如你"想锻炼"（exergastic）或有锻炼倾向]、跑到超市寻求补给、漫步或冲刺到最近的酒吧。这些都是晚间活动，并且每个人可以选择自己的方式。

如果你确实去了健身房，那你很可能会被tread-wheeled。根据《牛津英语词典》，这是一个及物动词，表示"遭受踏车惩罚"。这当然指的是在维多利亚时代，监狱里将踏车作为一种惩罚。即便在当时，这也被视作一种野蛮的做法[1]，并在1898年被废除。但是20世纪之后，因为有些人想体验19世纪的监狱生活，却又不想犯罪，所以又秘密地重新引进了这种刑具[2]。

19世纪的法国，人们发明了一个更好的方式用来打发黄昏时光，那就是无所事事（flânerie）。

Flânerie
无所事事

Flânerie经常被认为是那些永远无法被英语准确翻译的法语

1　我建议所有为体育文化辩护的人去看看1824年的监狱改革请愿书："踏车的劳力令人讨厌，无聊又单调，令人厌恶到无法接受。工作的时候人都看不到自己的工作，不知道自己在做什么，不知道自己是否取得进步；根本没有艺术性、创造性、精巧性与技术含量可言——而这些都是人类劳动中令人欣喜的情形。"

2　treadmill一词原为一种刑具，后成为一种健身器械，即跑步机。——译者词之一。总有人在喋喋不休地争论，说无论是漫步还是闲荡，抑或徘徊，乃至散步，都不能准确地表达 flânerie 的含义。这些人肯定都没有查过《牛津英语词典》，因为但凡查过词典，他们就会发现这个词根本不需要翻译：我们只需要把这个词当作俗语使用就可以了，连同相关的动词形式 flâner 和名词形式 flâneur——后者即沉溺于"无所事事"（flânerie）的人。

虽然这个词已经被英语绑架了，但准确地定义它仍然很难。《牛津英语词典》提供了一个合理的解释："一个闲逛的人或漫步者，一位无所事事的'纨绔子弟'"。但这种解释还是没有触及这个词的本质，为此我们必须回到法语本身，虽然并不情愿。

简单而言，flâneur 是典型的上升到精神理想层面的法国公民。他们到处闲逛，既不跟人交谈，也很少做事。你可以参考《牛津英语词典》的定义，但是这个词的含义不仅限于此。夏尔·波德莱尔[1]对这个词的概念把握最到位：

> 人群是他的地盘，就像空中是鸟的地盘，水是鱼的地盘。他的热情和志向就是要成为群众中的一分子。因为对于最好的无所事事者（flâneur）、理想的闲逛者和充满激情的观察

1　Charles Baudelaire（1821—1867），法国著名现代派诗人，代表作《恶之花》。——编者

者而言，最大的快乐就是无拘无束地待在路人中、人流的旋涡里、运动中、逃亡中、无限中。从自己的家里出走，但又到处为家；去看这个世界，身处世界的中心，但又从世上隐遁；这些都是那独立、热情又公正的灵魂中的小趣味，而语言只能笨拙地定义它们。

Flânerie 的概念在 19 世纪与 20 世纪早期得到扩展和确定。它是咖啡馆里的静坐，观察着人来人往，步履匆匆，努力去解读每一张脸上书写的人生，它也是你走过每一条狭长街道时的漫步，观察着坐在阳台上的人，还有那些放学匆忙回家的孩子。它是你漫无目的地穿梭（scamander）在这座城市时，那郁郁寡欢、燃烧不尽的香烟。

顺便一提，有一个跟 scamander 相辅相成的动词，meander（蜿蜒）。米安德河（Meander）[1] 蜿蜒流淌，沿着一条曲折得离奇的河道，穿过土耳其的伊兹密尔（Izmir）。古希腊人被米安德河的蜿蜒曲折深深吸引，他们中的首席地理学家——一个叫斯特拉博[2]的家伙声称："米安德河实在曲折得出奇，所以所有其他弯弯

---

1 位于土耳其西南部，一路西流，最后注入爱琴海。——译者
2 Strabo（前 64 或 63—公元 24），希腊地理学家、哲学家、历史学家，生活在罗马共和国向罗马帝国转型的时代。——译者

曲曲的东西都应该被叫作'米安德'。"当然，他是用希腊语发表的这个观点，但这个词就这样进入了英语。因此我们现代人就可以任意地想怎么弯曲（meander）就怎么弯曲（meander）。假如你觉得米安德和你并不投缘，你还可以选斯卡曼德（Scamander）河，那是土耳其境内的另一条河，现在被称为Karamenderes。斯卡曼德河以一种错综复杂的路线穿过特洛伊城墙前多风的平原，那里是阿喀琉斯曾经打过好几场胜仗[1]的地方。斯卡曼德河轻易地取代了与它同类的河流，在维多利亚时代的伦敦市井俚语词典中，scamander被定义为：

没有固定的目标任意乱逛。

不过没有必要让这两个词打架。它们如此押韵，所以我们可以非常高兴地在同一个句子里蜿蜒（meander）曲折（scamander）。通过头韵我们还可以加上scoperloit，这是一个古老的北方词，意思是"闲逛时光"。在闲逛时光里，疲惫的工人会在黄昏的树下晃悠，他们还管这些树叫mogshade（薄暮荫）。他们甚至还以他们纯朴的方式，沉浸在闲逛（sauntry）中——指的是闲逛这个动作，这或许是最接近flânerie这个法语词的英语本土词。

1　就在他享用完第三章中超常的早餐之后。

Evening arrangements

晚间安排

当暮色昏沉（dimpsy murkens），夜幕降临，天色变暗，这时候你该考虑一下自己晚上的安排了。当然，你可以安顿下来，对着电视机度过晚上剩下的时间，我不会阻止你这么做，但如果你真的这么做的话，我想恐怕没有什么神秘的中世纪词汇能够对你那快速换台的行为有所帮助。所以，我索性假设这个晚上你打算到城里和朋友一聚。假如你要宅在家里，这个部分的内容可能派不上什么用场。

然而，安排一场晚上的共饮（compotation）和共餐（commensation）总是一件非常难处理的事。在某种程度上，所有的社会都是共餐体（commensal），那是人类学家使用的术语，探讨的是你可以或不可以跟谁坐下来就餐的规则。在古代的近东[1]，共餐被视为极其重要之事，甚至于假如你和一个罪人坐下来一同享用了愉快的一餐，便会使你也成为一个罪人。这样严格的共餐原则（com 的意思是"同……一起"，而 mensa 的意思是"餐桌"）

---

1 近东这个地理概念大概包括亚洲西部地区。这个词最早是用来指代奥斯曼帝国的最大边界，后来进入英语，逐渐被中东和西亚这两个概念取代。——译者

令福音书中耶稣同酒鬼与收税员坐在一起也成了棘手之事。判断一个人的品性，是可以从与他一起就餐的人着手的。

这位弥赛亚，为了在被钉上木板前安排一场愉快的晚餐，甚至还要在坐上餐桌前经历一系列奇怪的恶作剧：

> 耶稣打发彼得、约翰，说："你们去为我们准备逾越节的筵席，好叫我们吃。"他们问他说："要我们在哪里预备？"耶稣说："你们进了城，必有人拿着一瓶水迎面而来。你们就跟着他，到他所进的房子里去。对那家的主人说：'夫子说：客房在哪里？我与门徒好在那里吃逾越节的筵席。'他必指给你们摆设整齐的一间大楼，你们就在那里预备。"（路加福音22：8-12）

耶稣还有一个困难的任务，他得挑选参加告别聚会的客人。他最后似乎挑了十一位密友和一位恶徒。休假中的"二战"英国士兵好像总是会被称为constable：

> The Constable，级别最低的警察；依附于他人的令人讨厌的人；不会看人眼色的逢迎者。

在这本第二次世界大战俚语词典中，还记录着一种与constable同等含义的美国军人：

> Heel，指的是美国式逢迎者。指那些在军队中为了一杯免费酒水而寻人搭伴的人。于是就用脚后跟（heel）这个词来表示通过付出脚力得到某物。

对我而言，constable更有用。因为在使用这个词的时候，被谈论的那个人可能根本不明白你的意思。你可以带着友善的微笑说："Hello, constable."（你好，警官。）而他们可能会觉得这个词还带有一种敬意。你可以跟人进一步解释constable在夜晚的那般含义。然后所有人都会跳出窗户，一转身就从街上匆匆跑开了。但是叛徒犹大，他绝对是个heel。

如何避开那些不想与之打交道的朋友，这个难题已经困扰英语使用者几百年了。在18世纪后期的剑桥大学，他们总结了避免在街上遇见熟人的四种方式：

> TO CUT（切断）：即放弃与某人的交情。切断的方式有好几种，比如直接切断、间接切断、傲慢地切断、邪恶地切断，等等。

The CUT DIRECT（直接切断）：从在马路对面、即将接近这个可恶的人的时候开始就避开他。

The CUT INDIRECT（间接切断）：看别处，在走过的时候表现出没有看到他的样子。

The CUT SUBLIME（崇高地切断）：装作正在欣赏国王学院礼拜堂的尖顶或美丽的云朵，直到他走出你的视线。

The CUT INFERNAL（邪恶地切断）：装作你正在整理鞋带，当然也是为了同样的目的。

邪恶地切断是最有效的方式。当你蹲下的时候，有没有看到鞋带末端的塑料小箍？它们叫aglets。我想耶稣可能践行过崇高地切断。在客西马尼园里，当犹大要诱捕式地（judasly，对，这个词是真实存在的）亲吻耶稣时，假如耶稣那时刚好假装没有看到他，只是抬头盯着圣殿山看，那么教会史将大有不同。

他本来还能得到两个鲜为人知的否定词的帮助。辨认（recognise）出一个家伙是再次（re）认识（cognise）他，假如你不再认识某人，那你对他就是decognise。老实说，这是一个罕见的词。据我所知，这个词只在议会对查尔斯二世的职位进行辩论时用到过。[1]但它也适用于如下的用法："I'm so sorry, old

---

1　不是以妮尔·格温（Nell Gwynn）的方式（妮尔·格温是查尔斯二世的情妇）。

chap, I must have decognised you."（我很抱歉，老家伙，我肯定没有认出你。）如果要显得正式一些，你甚至还可以给你实在不喜欢的人寄一封devitation，这个词已经弃用，非常少见，其意思刚好与"邀请"相反。所以，用花体字把姓名写在卡片的上方，请求某某务必赏脸缺席，这可能会显得挺正式的。

总是有人接连不断地冒出来，拍拍你的肩膀，而你的肩膀根本不需要被人拍[凑巧的是，shoulderclapper（拍肩人）一词指的就是那种友好得有些过分的人]。那些你以为已被丢进通讯簿垃圾桶的老熟人有时候难免还是会神奇地出现，这些人就是所谓的didappers。最初，didapper指的是小䴙䴘，一种潜水捕食的水鸟，就在你觉得它肯定被梭子鱼吃了的时候，它会从水塘的另一端冒出来，看上去圆乎乎的，一副刚饱餐完的样子。放荡不羁的英国人查尔斯·科尔顿[1]曾经在他写下"模仿是最真挚的恭维"这句名言的书中，这样描写约翰·威尔克斯[2]：

> 有的人得到命运的偏爱，他们就像猫一样，走路时脚下轻巧；威尔克斯是那种didapper，假如你把他们扒光，从威

1　Charles Colton（1780—1832），英国神职人员、作家、收藏家，以怪癖出名。——译者

2　John Wilkes（1838—1865），美国戏剧演员，南方间谍，于1865年刺杀总统林肯。——译者

斯敏斯特桥上扔下去，那么可能第二天你就会碰见一个头戴假发的他，佩剑而立，身着蕾丝外套，口袋里不差钱。

你或许力求躲开 heel 和 constable，忙于把拍肩膀的裸体 didapper 从威斯敏斯特桥上扔下去，但也可能有人想对你做同样的事。

你的朋友们如何呢？你的那些 makes、marrows、sociuses、sociates、compadres、consociators、belamies[从法语 bel ami（美丽的朋友）而来]、friars、familiars、inward、tillicums 都如何呢？[1] 你可以发短信或者打电话邀请他们，但他们可能只是给你一个尚不承诺的意愿，即 pollicitation——你所谓的朋友们就这样等着更好的时机。该死的 tillicum（朋友，或写作 tilikum。顺便一提，它原是切努克语[2] 中表示"人"的词，之后演变为"同一部落里的成员"，后来又被英语使用者借来表示密友）！

与其对此吹毛求疵，倒不如回去追那些 didapper 和 constable，吊起"杜松子酒旗"（gin pennant）。杜松子酒旗真的是旗子，英国海军用它来邀请朋友去喝上一杯。对它的最早记录（至少是记

1　均为可以表示"朋友"的词。——编者

2　Chinook，切努克人是分布于太平洋西北岸的北美原住民，说切努克语。19 世纪初期，切努克人迁移到现今的新奥尔良和华盛顿居住。——译者

忆）是在20世纪40年代。那是一面小小的绿色三角旗，中间有一个白色的酒杯。假如旗子升起来了，邻近船上的工作人员都会受邀登船喝一杯。然而，只是很小很小的一杯。

你看明白了吧？真是应了那句古话，皇家海军的军官正试图"又有礼貌又要吃肉"（have their mense and their meat）呢。Mense的意思是礼貌、体面，所以"又有礼貌又要吃肉"就是既要赢得热情的美名，但实际上又不用真的送出肉。所以，这面小小的杜松子酒旗之所以在日落时分才悄悄挂起来，就是希望不要有人注意到它。但是时不时地还是应该把它挂出来，这样就可以说你挂过，然后反问人家："难道你没看到吗？真是太遗憾了！我们特别希望能够把船上供应的所有朗姆酒都给您。"

事实上，好几种传统习俗的产生都与杜松子酒旗相关，而且现在的酒旗已经变成两端绿色，中心白色，白色的上面有一个绿色的酒杯。当你登上别人的船时，你可以试试把他们的杜松子酒旗升上去，这样就可以逼他们请你免费畅饮。但是，如果你这么做的时候被人当场抓住，那你就要以同样的方式回请人家了。杜松子酒旗还能挂在酒吧，目的是告诉那些已经在场的人，晚上的饮料都记你们账上。在我看来，皇家海军有一些神奇的英语表达，可供我们这些旱鸭子（landlubbers）现学现用。例如：I had nothing whatever to do, so I iust hoisted the gin pennant, phoned everyone, and had a splendid evening.（我没什么可做的，所以就升起杜松子酒旗，打电话叫来每个人，度过了一个很棒的夜晚。）

但是，在升起杜松子酒旗前，你应该确认你真的有值得升旗的杜松子酒。你可能还需要点儿补药、柠檬以及食品。这样一来，你需要的可能不仅仅是一个市场（market），而是一个超级市场（supermarket）。

第十四章

晚上七点：购物

迷失方向—超市里狂喜

Disorientation—ecstasy in the supermarket

07:00 pm

Gruen transfer
格伦转移

　　是时候去各个商店里转悠一下了。人不能单靠面包生活，虽然逛面包店是一个好的开始。可悲的是，只有最挑剔的闲人才会一家一家小店挨个逛，从屠夫那里买牛肉，从面包师那里买面包，从水果贩那里买costard（一种大苹果）。不！我们的市场必须要特别大甚至超级大，最好是直入云霄的商贸宫殿。这些地方就是成心让你走进大门，陷入格伦转移（gruen transfer）效应，随后意乱情迷，不能控制自己的思想。

　　维克多·格伦于1903年出生在奥地利，原名维克多·格林鲍姆。1938年，他"带着一个建筑师学位、八美元和对英语的一窍不通"逃离纳粹，来到美国。以此为起点，他创造出了令人不可思议的东西：现代购物中心。格伦被公认为购物中心的创造者和大师。他设计了美国的五十多家购物中心，出于偶然，他的名字也被赋予了商场所带给你的奇怪的心理效应。

　　购物中心的外部很少有窗户，这是有一定道理的：假如你能从窗户里看到外面的世界，你就能够自我定位，这样就不会迷路了。购物中心里有连最熟练的制图师也读不懂的地图，这也是有一定道理的：假如你能够读懂这幅地图，那你就能找到去某家店的路，这样你就不会迷路了。购物中心里的路，无论你朝哪边转，看起来都是一样的。这还是有一定道理的：购物中心的建造目的就是让你找不着北，四处打转，把你从最初来时的目的中解脱出来，漫无目的地闲逛，走过一排又一排商店，自言自语道："噢！既然我都到这儿了，我应该进去看看，买点儿东西。"这种奇怪的、将思维从各种目的性或理性中解脱出来的心理过程，就是零售分析师熟知的格伦转移。

维克多·格伦于1980年去世，但这个术语似乎直到十年后才出现，现在，它已然成了商店规划至关重要的部分。它结合了感觉的过载与空间的迷惑，导致你比原计划买了更多的东西，从而使整个商场获利。正是它使你从人流（traffic）——即经过商店的人，变成了客流（footfall）——即进入商店的人。噢，商店里面充满了语言魅力啊！

The ecstasy of the supermarket
超市里狂喜

对于缺乏经验的人，超市是超级无聊的地方；确实，这种地方只是进去买东西而已。但是对于经验人士，那可是诗歌的殿堂。

首先，你有没有看到那一排排独立式的、分割过道的双边货架？它们可不叫独立式双边货架哦，因为那样的叫法对于管理超市的诗人来说未免太无趣了。它们被叫作贡多拉（gondola），因为在销售经理浪漫的想法中，它们就和威尼斯的平底船一般无二。

海洋主题的商品采取了独立的展示方式，小包的薯片、紧身裤或诸如此类的商品正在打折，它们就是岛屿（island），被顾客层层包围，就像一片汹涌着的消费者汪洋。抬头看！从天花板上悬浮下来的绳子和条带叫作"过道跳跃者"（aisle-leapers），它们是我们头上的古怪小神，步伐稳健地跳动着，嘲笑着下面的凡夫俗子，它们的使命就是协助danglers，即为指定产品标识着八折、七折、六折的广告小旗，假如danglers都是用可能会在温柔的空调微风中摇摆的材料制作的，那它们就是wobblers（跳跳卡）。

对于天性具有魔幻思想的零售经理来说，没有什么会太过奇怪。"盗光者"（Light Thief）——格林兄弟可从没想象出这样的人物——这个名字是用来指代那种本身不会发光，但会为自身涂上可爱的荧光色，表面装饰着会反光的珠宝，从而偷来别处的光照亮自己，以达到展示目的的物品。在传统的超级市场的民间传说里，"盗光者"是"货架守财奴"（Shelf Miser）的死敌。后者就是贡多拉旁边附加的小托盘，它悄悄地伸向过道，这样就能装下更多货物，超过惯常或平均所允许的量。

货架守财奴突出在"标价条"（price channel）之外，细细的标价条上展示着货品价格和每日低价的小标签，并在"踢脚带"（kick band）上投下些许阴影。"踢脚带"就是在贡多拉底座上方几英尺位置的一条小带子，颜色暗沉，这样就可以遮住变形的金属箍或拖把滴下的水渍了。

上上下下的，还有些其他的东西。那些瓶盖上的纸板是什么？是bottle glorifier（一种酒瓶展示装置，用于将瓶子固定）。那种用硬塑料板和圆罩包着的商品肯定打不开吧？那是blister packs（罩板包装）。

对于超市里的每一样东西，可怕的人群都知道其美妙之处。路过限时折扣商品的时候，他们还没意识到自己此刻正站在exploding offer（惊爆价）旁边。在那里，两件商品正在竞争货架空间，用拟人化的说法就是，它们正要决一死战。假如这两种商品产自同一家母公司，那这场战斗对于残忍的零售店而言，就是"同类相食"（cannibalism）。所以，当可口可乐和雪碧竞争，梦龙和可爱多竞争，"丹碧斯"和"总超常"[1]竞争的时候，零售经理就会眼睁睁看着兄弟相残了。这种情况不仅仅发生在"贡多拉"，当商品被打上超低折扣时，同胞兄弟也会相互吞食。

---

1 Tampax 和 Always Ultra，都是卫生巾品牌。——译者

结账的时候，你突然有了"艳遇"。当商场赠送供下次使用的购物卡或积分的时候，就是在"追求顾客"（romance the customer）了。当然，这场艳遇实际上只是有人做了一番计算后，给了你一些承担得起的优惠，以此来换你的惠顾。但是所有的艳遇实际上都是如此，所以不妨欣然接受吧。

大减价的时候你会心潮澎湃，心血来潮时产生购物的冲动也不是什么奇怪的事。人类无法抵挡超市的诱惑。它实在太宏伟、太可怕、太诱人、太奇幻了！当你又回到街上，看着空荡荡的世界，你会发现它很难和格伦转移带来的美梦与噩梦相匹配。当浮士德问梅菲斯托费勒斯如何逃离地狱时，堕落天使这样回答：

> 为什么，这是地狱，而且我难以挣脱。
> 你想想我，我曾得见上帝之面
> 尝过天堂的极乐滋味，
> 现在却受到万千地狱折磨，
> 被剥夺了永恒的至乐。

超市也是如此。不要害怕。你还会回来的，哪怕只是为了艳遇。但现在，晚餐时间到！

第十五章

晚上八点：晚餐

饮食规定—安排座位—展开交谈—避开交谈—品酒—
餐毕—逃单

Dietary requirements—seating arrangements—making

conversation—avoiding conversation—hogging the wine—

finishing supper—avoiding the bill

08:00 ᵖᵐ

现在，可以悄悄地向晚餐靠近（supperward，在词典里也能找到这个可爱的词条）了，虽然在此之前，我们应该弄清supper（晚餐）和dinner（正餐）的区别。根据《牛津英语词典》，supper指的是一天中最后一顿饭。（这使supper的定义自相矛盾，因为词典中还提及rere supper这个词组，它的意思是在主要的晚餐后进行的第二顿晚餐；但我们暂且不谈。）Dinner是一天中最主要的一餐。所以，晚餐有的时候也可以是正餐，正餐有时候也可以是晚餐，这其实取决于午餐或早餐的规模。对于这样一个棘手的问题，《牛津英语词典》少见地从社会学角度对dinner做出了定义：

> 一天中最主要的一餐，最早是在一天里大约中间的时候吃，而且现在大多数人依然保持这种习惯（参见德国午餐），但现在，职场和时尚人士通常在晚上吃。

所以假设你是职场人士或时尚人士，又或两者兼具，那我们下面提及时就要把正餐理解为晚餐。

这里还要再提一个有用的词tocsin，意思是作为警报的铃铛。

但是只有当你需要理解拜伦勋爵[1]的这句有关晚餐的诗时，它才有用：

That all-softening, overpowering knell,

The tocsin of the soul, the dinner bell.

那软化一切，无坚不摧的声音，

正是灵魂的表钟——餐铃。

这是一首coenaculous（充满晚餐之爱）的诗歌。当你认为那个男人是个彻底的coenaculous的人的时候，coenaculous（源自拉丁语cenaculum，意思是餐厅，但不知为何后来多了一个毫无必要的字母o）的词义就有些模糊不清。确实，这一天剩下的时间似乎就是一场漫长的餐前挑逗。正如培根爵士[2]所言："希望是一顿很好的早餐，却是一顿糟糕的晚餐。"

一旦晚餐铃敲响，客人聚齐，那么不论是在饭店还是在家里，

1　乔治·戈登·拜伦（George Gordon Byron，1788—1824），英国诗人，出身破落贵族家庭，反抗专制压迫，追求民主自由，擅长讽刺，在投身希腊民族独立战争时病逝，代表作有《唐璜》等。——译者

2　弗朗西斯·培根（Francis Bacon，1561—1626），英国哲学家，英语语言大师，英国唯物主义和实验科学的创始人，主要著作有《论科学的价值与发展》《新工具》。——译者

首先要做的一件事就是搞清楚这场酒宴是否是Dutch feast，如果是，那么"待客者要比客人先醉"。在确立了主人确实是"不胜酒力"（bumpsy）之后，你就能和平常一样谈天说地，向那些记得你的人介绍自己了。

这时候，通常会有一场大恐慌上演：有人是素食主义者，有人只吃犹太洁食（kosher），有人得吃清真食品（halal），还有第四种人跳出来，要检查食材的来源是否符合人道主义精神以及是否具有可持续性。这时候，你也可以愧疚地说自己属于halalcor一族。你甚至可以借此小题大做一番，前提是没有人在《牛津英语词典》中查过这个词条：

> Halalcor，在印度、伊朗等地区地位最低、最受鄙视的阶层。对于该阶层的人而言，所有的食物都是合法的。

假如不幸被人揭穿，你可以改变方针，坚持说自己只吃那些由不人道、不可持续发展的食材制作的食品，因为它们尝起来味道更好。只要不惹出大麻烦就行。

既然每个人的饮食避讳都交代完毕，主人也醉了，大家也就都可以坐下来准备用餐了。

Marshalling
安排座位

用餐者会被引领（marshalled）到他们在餐桌的位置。动词marshal的这层含义要比"集结军队"的意思还早七十年。提请注意，在那之前，它的意思是照顾马匹，从中我们可以看出，15世纪的时候人们多么尊重赴宴的客人啊。

被领到的地方叫作cenacle，即晚餐设宴的房间（该词与上文中的coenaculous的拉丁语词根相同）。事实上，cenacle原来指的只是耶稣与门徒最后的晚餐的那个神秘房间。在餐室里，耶稣面对着一个所有就餐者都会遭遇的问题，就是每个人该如何就座。他之前就遇到过这个问题，《马太福音》第二十章中写道：

> 那时，西庇太儿子的母亲同她两个儿子上前来拜耶稣，求他一件事。耶稣说："你要什么呢？"她说："愿你叫我这两个儿子在你国里，一个坐在你右边，一个坐在你左边。"耶稣回答说："你们不知道所求的是什么。"

这种事情真的非常麻烦。大概正因为如此，最后的晚餐要结束的时候，有一个人的脑袋都快伸到膝盖上了，而另一个讨厌鬼正想拿面包蘸着吃。而我们，尽管没有那么亲近的血缘关系，还是不能从这种苦难中豁免。谁应该坐哪里？或者如中世纪时期的人们所说，应该谁来"开席"（begin the board），谁坐上座呢？

严格来讲，宴会的主人应该"坐主席"（hold the dois）。但我们已经讲过，他们都已经醉了，现在应该是"论赏"（at one's reward）而坐，或者说，坐上比你应得的更好的位置。

在罗马人的时代，事情可能会简单得多。那时每个人都"躺卧就餐"（discumbed），他们会在桌子三面围着的"躺卧餐桌"（triculinum）旁躺下来吃。这就意味着，假如两个人特别喜欢同一个位置，他们会互相躺在对方身上。但是，躺卧就餐会造成消化不良。所以，最好还是抢个座位，懒懒地坐着（lollop），或者"把胳膊肘支在桌子上"。

Making conversation
展开交谈

一千七百年前，有一个名叫瑙克拉提斯的阿忒那奥斯[1]的人，

---

1 Athenaeus of Naucratis，罗马帝国时期的作家，活跃于2世纪末至3世纪初，著有《欢宴的智者》，该书保留了大量当时的风俗。——译者

写了一本关于在晚餐时完美交谈的书。据阿忒那奥斯所言，理想的话题绝对是把一切说得血腥残忍，尤其要关注同性恋和词典编纂学。

我们无须在这些话题上耽搁时间（除非那条"凯尔特人，他们虽然有好多美女，但还是偏爱男孩"），因为我们应该关心的不是书的内容，而是书名。阿忒那奥斯把自己的书叫作 *Deipnosiohistae*，其字面意思是"厨房里的智者"，但是通常情况下还是会被翻译为"在晚餐时如智者般说话的人"。从这里我们得到了一个英语词 deipnsophist，它最早见于1581年，意思是"在晚餐时说话睿智的家伙"，或者换一种说法，"宴会艺术大师"。

希腊语中的 deipnon 一词为英语提供了一些有趣的词：deipno-diplomatic，意思是"宴饮外交的或与宴饮外交有关的"；deipnophobia，意思是"对晚宴恐惧"，人们更熟悉的是这种情绪，而不是这个名称。这两个词都只被使用过一次，而 deipnosophism（宴会智慧）一词却保留了下来，而且作为一门深奥却必要的学问留存至今。只有真正精通宴会智慧的大师才能明白 colloquist（参与对话的人）与 colloquialist（擅长会话的人）之间的区别。

就我而言，我知道自己没有如智者般谈话的禀赋，所以我擅长用 rhubarb（乱嚷嚷）来代替。对于不擅长在宴会中交谈的人来说，乱嚷嚷成了最后的撒手锏。所谓乱嚷嚷，就是用低沉又含糊的声音一遍又一遍地说 rhubarb 这个词。Rhubarb 这个奇怪的词之所以能成为一个词，是因为它是演员们在热闹的场景中，想要模仿人们交谈的声音时会使用的标准词语。所以，当马克·安东尼[1]走上舞台时，所有的演员都开始乱嚷嚷，而当他大喊"各位朋友，各位罗马人，各位同胞，请你们听我说"，他们便停下来。

没人知道 rhubarb 一词为什么或从什么时候开始被用作表达吵闹之意，但是从词源上看，这样非常合理。Rhubarb 是从古希腊语 Rha Barbaron 来的，字面意思是"外国的大黄"。大黄是一种奇特的东方美味，从西藏经由俄罗斯进口到古代欧洲，而 barbaron 就是希腊语里的外国人，而外国人都是野蛮人（barbarians）。但重要的是，野蛮人之所以被称为野蛮人，是因为他们说着一种来自外国的难以理解的语言，在希腊人听来，他们仿佛一直在说"bar-bar-bar-bar"（基本上就和我们说"blah-blah-blah"或"yadda-yadda-yadda"一样）。因此，经过了几千年的流转，那个用来表示难以理解的晦涩词汇的古代词重拾了原初的意思。

1　Mark Antony（前83—前30），罗马政治家，凯撒的支持者，在罗马共和国向罗马帝国转变过程中起了重要作用。——译者

当你想要掩盖没人想和你交谈的事实的时候，乱嚷嚷会特别管用。不过你要记住，千万不能在服务员来给你点菜的时候这样做。

Avoiding conversation
避开交谈

> 整个社会都冠冕堂皇，
>
> 其中只有两大类，一类讨人厌，另一类感到厌恶。
>
> ——拜伦勋爵

宁愿做个乱嚷嚷的人，也不要成为平庸乏味的人（bromide）。Bromide过去的意思是溴化物镇静剂，在19世纪被纳入美国英语，后用来指代仅仅通过讲话就能达到高效安定剂的药效使你入睡的人。一个平庸乏味的人在谈论他的话题时，总是会以钻孔机单调无聊地穿透花岗岩般的龟速进行[1]，所以就有了一个更常见的词：bore（钻孔；无聊讨厌之人）[2]。

1　花岗岩硬度较高，故有此说。——编注

2　法语bourre，本意指填充物、垫料，也可能是出于同样的原因，它还有"冗词赘句"之意。我接着唠叨了。

然而，讲到这里的时候我觉得（作为一个死性不改的爱炫耀的讨厌鬼），bromide并不十分贴切。无聊不仅仅是因为缺少刺激，它还具有积极的性质。当一个人坐在空荡荡的房间，或者面对一幅众所周知的枯燥无趣的绘画，他可能也会感到满足，会想点儿啥。当然，前提是他们都过了十岁的年纪，不至于一点儿都坐不住。但是，头等无聊讨厌之人还是能让你分分钟抓狂。比如，我只要说一句"啊，我很高兴你能问我……"，就能从对话者/受害者的眼睛里观察到惊恐不安的光芒。唯一能阻止我的办法就是立即采取kittle pitchering，这个词在18世纪晚期的词典中有过充分描述。

KITTLE PITCHERING：用开玩笑的方式阻止或打断烦人的讲述者的长篇故事。可以通过在叙述开始时对一些无关紧要的细节进行反驳来实现。异议开始后，再接着找类似的新问题，从而阻止，或者更确切地说，让自己免于故事主干的折磨。这种办法通常是团队作业，互相解围，这样一来，你的意图也就不会那么明显了。

为什么要叫kittle pitchering呢？啊，我很高兴你问到这个问题。呃，kittle是tickle（痒）的古词，pitcher指将干草叉到车里的工人，而干草很干燥，所以——众所周知——它很无聊（托马斯·格雷[1]曾评论说，读亚里士多德的作品就像吃干草）。

提出一个问题，然后自己回答提问，这种修辞行为叫什么？啊，我很高兴你问到这个问题。这叫anthypophora（设问）。古希腊人非常喜欢这种训练。假如一遍又一遍不断重复地自问自答，这又叫什么呢？这叫dianoea。为什么我要不断地使用这种令人厌烦的技巧？非常简单，因为它能掩盖没人感兴趣的事实，而且没人能够插上一句话。

事实上，一旦让我掌握了反复自问自答的节奏，听众唯一能做的就是用打断的方式直接攻击。仅仅问一句"我能插句话吗"根本没用，因为这样有礼貌的提议几乎从来不会被接受。在这种情况下，最好用一个特别晦涩，又有些孩子气的词来表达"打断"——身体前倾，看着说话者的眼睛，用低沉洪亮的声音说："我想要interjaculate。"

说完这句话，一定会迎来一段长时间的沉默，直到有人请求递一下盐。拉丁语词根jaculari的意思是throw（扔），所以interjaculate意思就是"往中间扔"。如果前面加E的话那就是

1　Thomas Gray（1716—1771），英国诗人，浪漫主义运动的先驱，代表作为《墓园挽歌》，全诗128行，耗时八年写就。——译者

扔出去。甚至还有一个相关的词是interjaculatory，意思是"打断式表达"。比如，《布莱克伍德杂志》（*Blackwood's Magazine*）的一位作家曾在1827年谈到，主人的孩子的到来，如何"使一个盛大的晚宴派对陷入沉默，或者大家突然开始赞美他所继承的优良基因"。

随后，独白变成了duologue（对白），再变为tetralogue（四联剧，因为某种原因，没有表示三个人对话的英文词），之后变成对任何人都开放的collocation（自由组合）。

Who skinks?

谁斟酒？

随着谈话进入暂时的休战状态，可以开始认真考虑和晚餐相关的（cenatory）问题了，比如吃吃喝喝。首先可以问一下，Who skinks？这是一种旧式的说法，是在问到底应该让谁倒酒。

但是，通常情况下并没有指定的斟酒人，所以酒瓶就在餐桌上到处游走。它总是远远地蜷缩在餐桌的远端，完全够不着，这就意味着你必须要让人把它递过来——以顺时针方向。

在我们这个堕落的时代，将东西顺时针从桌上传递的习惯仅限于最讲究、最保守的用餐者，甚至在他们当中也仅限于最古板的人，但这曾是最通用的方式——任何事物都要按照太阳转动的方向运行。

假如你整天一动不动地站着，盯着南方看，会看到太阳从你的左边升起，慢跑着跨过你眼前的天空，然后来到你的右手边。假如你面朝北方站一天，你会看到自己脑袋的影子从另一个方向留下同样的轨迹，这样你就成了一架活日晷（gnomon）。

但是你只会面朝南方。假如你身处北半球，那么绝大多数时间太阳会处在比你更南的位置。博茨瓦纳人、新西兰人，还有其他的南半球居民会面向北寻找太阳。（考虑到赤道上的居民，我的说法仅限一般情况。）人们制造了钟表来模仿北半球的日晷，所以顺时针方向是太阳方向。假如钟表是在澳大利亚发明的，那就是另一种情况了。

过去一度认为，凡事都应该按照太阳的方向，即顺时针方向运行，这样才正确合理。比如，假如你要绕着教堂走，就应该按顺时针方向走。假如一群农民要传递午餐面包，也要按顺时针方向，因为反方向操作会带来厄运——这叫withershins（反日向）。事实上，女巫的一种标准诅咒方式就是逆时针绕着你的房子走九圈；女巫们围成一圈跳舞的时候，也是逆时针跳的。所以，任何好的事情都要按照顺时针方向做。

这种对撒旦的敏感警惕甚至还引发了一些倒退现象。如果身处17世纪的饭店里，你会发现自己正渴慕地望着酒瓶，但就是拿不着。所以各种各样可以用来暗指那些本应该把酒瓶传递给下一位的人的短语出现了。你可以说，"记得马勒姆牧师吧"（Remember Parson Malham.）[1]或者"谁是皮特·鲁格？"（Who's Peter Lug?）[2]，又或者"谁在阿普比有地？"（Who has lands in Appleby?）[3]，这些都是桌子的另一端干渴难耐的人们发出的呼号。无论对谁而言[4]，所有这些句子都完全没有意义。

今天，逆时针方向做事情会带来厄运仅限于牛津剑桥学院晚宴的贵宾席上，因为他们知道那是千真万确的事实。现在，传瓶子的标准用语是："你可认识诺里奇的主教？"（Do you know the Bishop of Norwich?）

1　此处牧师parson的发音接近于pass on。——译者

2　Lug有"拖拉"之意。——译者

3　此处land指"截下"。——译者

4　但是我注意到有一些奇怪之处。你记得第三章里神秘的Posthumus Hoby爵士吗？不记得吗？好吧，他就是阿普比市的议员，作为一名清教徒，他应该会反对饮酒。Peter Lug也是一个讨厌酒瓶的人的名字。

Finishing off

结　束

传酒的时候需要讲求策略，因为你必须得预测谁会得到 swank（剩下的最后一口），这是18世纪早期的词典中记录的一个方言：

> Swank（见于埃塞克斯郡），指大啤酒杯、酒壶或酒杯杯底残留的酒，刚好够饮一口的量；将它分享给左撇子是不礼貌的。按照容量，还可以分为一大口或一小口（a large or little swank）。[1]

假如你成功得到了最后一口，就赶快把它一饮而尽吧，稍后再解释埃塞克斯的事情也不迟。假如别人得了这一口，那你可以建议他做一件在维多利亚时代很得体的事情，即buz，就是：

> 当不够每人分一杯的量时，就把瓶里剩下的酒平分。

---

1 这个说法在一百年后依然流行，但在1813年的时候，这个说法已经移至布伦特里镇。"一品脱的啤酒杯分成三部分或者说三口，第一口叫Neckum，第二口叫Sinkum，第三口叫Swank或Swankum。"

那食物该如何处理呢？晚餐将要结束的时候，出于礼貌的考虑，你得记得留下tailor's mense（裁缝之礼），这非常重要。在那个裁缝要上门量尺寸的时代，习惯上要给他提供一份简餐，而他应该少吃些。假如一点儿都不剩，你会产生一种奇怪的感觉，好像自己没有为这位可怜的手艺人提供足够的食物似的。为了提前消除这种疑虑，裁缝总是会把一餐几乎吃完，但又会剩下一点儿在盘子边沿，以此证明他完全吃饱了，即便不吃那一口会饿死，他也无法再多吃一口了。我们发现，mense正是一个用来表达处事周全或礼貌得体的词。这种机智的"一口饭食"就被叫作"裁缝之礼"：

> Tailor's mense，乡村裁缝晚餐时会剩下的一口饭食，但是实在筋疲力尽的话，他也不会因不礼貌地把饭都吃完而受到责怪。

在19世纪后期，人们对"裁缝之礼"应该有多少饭做了相当准确的规定。1872年的一本书中记载：

> 按照一句老话说，一份"裁缝之礼"是为了礼貌起见而留下的部分饭食，它的定量或限额对男士而言，仅需总量的九分之一。

通常建议男士每日摄入的食物量为2500卡路里，所以，如果平均分配一日三餐，我们可以计算出，"裁缝之礼"的量是93.6卡路里，相当于一颗煎蛋。

虽然盘子边缘有一颗让你垂涎欲滴的煎蛋，但你可能还是会把皮带扣到最外面的孔上。这个孔叫作yule hole（圣诞孔），仅用于吃完圣诞晚餐之后。但是，在《向英语读者解释并使其理解的苏格兰谚语全集》（*A Complete Collection of Scottish Proverbs Explained and Made Intelligible to the English Reader*，1818）中，作者强调说，告诉主人你已经"把皮带放到圣诞孔上"绝对是有礼貌的表现，因为这暗示着"我们就像在圣诞节一样吃得痛快"。

不过，假如你只是出于礼貌而使用"圣诞孔"的话，站起来之前可一定要记得下面这件事。

Thanking your host
向主人道谢

现在，剩下的（除了"裁缝之礼"）就是感谢为你提供晚餐的人。很明显，你只有觉得晚餐快要结束的时候才能这么说。如果还没有要结束，你可以说"谢谢您准备的collation"。肯定会是在过去很久之后，主人翻阅约翰逊博士的词典时才会发现，你指的是"比大餐逊色的招待"。

而我自己在这时的标准说法是，"我享用了一顿golopshus（美味的）晚餐。"然后从容地递上账单。这样说一定会收到预想的效果，除非遇见了最无耻的人。假如真是这样，那你干脆来一顿blind man's dinner（盲人的晚餐），即不付钱就跑路。假如晚餐是私人设宴，那同样的策略可以运用在洗碗上。只要说自己特别抱歉，但你一刻也不能久留了，因为手表上显示，已经到quafftide（痛饮时间）了。

第十六章

晚上九点：喝酒

说服别人—选酒吧—开门—走近酒吧—点单—喝酒—
喝酒的后果—喝干—醉酒的方式

Persuading others to—choosing a bar—opening the door—
approaching the bar—ordering—drinking—the results of
drinking—empties—forms of drunkenness

09:00 pm

Picking your ale-knights
寻找"啤酒骑士"

你吃饱了，但还没有喝足，人不能只靠晚饭活着。实际上，晚饭的主要目的是保证你的身体不受空腹饮酒之害，17世纪时空腹饮酒被称作dry-drinking。

但是，在你能自信地宣布饮酒时间到来之前，还有各种工作要做。旧时有个可爱的词语quafftide，就是饮酒时间的意思，这个词和eventide（晚间）或morningtide（早间）很像，不过很伤肝。首先，你要向共进晚餐的同伴解释，让他们也想去喝一盅。但奇怪的是，许多人并不晓得他们其实渴望熬上一整夜，故意伤害心智功能。但你必须说服他们同去，因为要是独饮的话，你难免要请整个酒馆的人喝酒。

少数人会立刻同意，他们愿意来一次small go（小酌）。在一本关于第二次世界大战军队俚语的词典里，这个短语的定义听起来还不错：

A Small go，在外面度过的还算不错的夜晚，每个人都开心，而且没有人喝醉酒。

但小酌很容易扩大，可被视为晚间娱乐的特洛伊木马。小小的compotation（共饮）可以打开通向perpotation（约翰逊博士将这个词解释为"痛饮"）的大门。所以，对那些坚持要小酌的人，你只需要说你也是这么想的，只计划喝一小杯。这类小谎，过去称为taradiddle，只是尚未实现的真实而已。

然而，也会有人坚持说，他们根本不想喝。对这类人，用不着温言相劝；你所能做的就是痛骂他们。你可以大叫："You drink-water!"（你这只喝水的家伙！）"Nephalist! Hydropot! Wowser!"（绝对戒酒者！饮水者！禁酒主义者！）这些词的真正意思都是"滴酒不沾的人"，hydropot虽然是拉丁语中唯一表示water-drink（不喝酒的人）的词，听起来却很可爱；只有澳大利亚人会使用wowser一词，《牛津英语词典》将其定义为"酒精饮料的坚决或狂热反对者"。

这是一场古老的战争，一方是反塔利亚者（antithalians），另一方是享乐者（apolaustics），每个人都要选边站队。塔利亚是喜剧缪斯女神，主司丰饶，掌管玩乐。如果你反对她，你就是反塔利亚者，当然，这个词仅在1818年被记录使用过。另一方是享乐者，来自古希腊语apolaustikos，意为"享乐"。这两支队伍之间的战争是人类的永恒冲突。反塔利亚者阵营组织得更好，而享乐者阵营追随者众多。

此时，固执无趣的人很可能匆匆往家赶了。走得好！剩下的都是owlers（夜猫子）了。

Owler，夜里出门的人，像猫头鹰一样。

Choosing a drunkery
挑选酒馆

谁要是觉得酒吧就是酒吧，他大概还没有把词典翻明白。无数微妙之处都有待观察。比如，约翰逊博士偶尔会因彻夜豪饮中断他的词典编纂工作，他坚持认为：

Alehouse（撒克逊语写作ealhus）指的是公开出售麦芽酒的屋子；一个买醉的场所。和卖酒的酒馆有很大的不同。

每种酒都有特定的供应者。所以就有了威士忌酒馆、朗姆酒酒馆、杜松子酒酒馆、葡萄酒酒馆、潘趣酒酒馆、啤酒厅、啤酒花园、啤酒窖、啤酒室，当然，免不了还有啤酒肚。

你一定要理智地选择potation-shop（酒馆），因为不是所有的 sluiceries（酒馆）都是平等的。假如你身处19世纪的美国，可能会冒险进入一家 speakeasy blind tiger（非法经营的酒馆）。1857年的一份报纸记录说：

> 我看见房子的一边开着鸽子洞，在洞的上方，大号字写着："Blind Tiger, ten cents a sight."（瞎眼老虎，看一眼十美分。）……此处的 Blind Tiger 就是约定的暗语，以规避当时只能按加仑卖酒的法规。

一加仑对于原本打算的小酌一杯来说真的有点儿多，一只 blind tiger（或者人们也常叫作 blind pig）也太多了。没有经验的酒徒应该去上 fuddling-school（酗酒学校），这样就会有一位能干的老师向他们传授专业的酗酒技术。

Fuddling（酗酒）是一个深奥的动词，位于一个常见的形容词 befuddled（迷糊的，糊涂的）之后，实际上指的就是喝醉。酗酒也是一种喝酒方式，但没人知道这个词从哪里来。这个词可不是某个动词的反复体，就像 sparkle（闪耀）来自 spark，gobble（狼吞虎咽）来自 gob（吞咽）。不过，确实有 fud 这个词，但它是个名词，意思是臀部或者女性的阴毛。倒是有一个由此产生的可爱的名词 fuddler（醉汉）。

1756年的《绅士杂志》(*Gentleman's Magazine*)谴责了那些"既放纵又渎神的整日醉酒"之人,这无疑是因为自1680年起,就已经没有酗酒学校了。

你可能因为无聊而选择多功能bibbery(酒馆),也可能因为野心勃勃而选择专门买醉的酒馆(drunkery)。但是,重要的是你怀着非常明确的目的开始这个晚上,即使最后你会去到一个可怕的地方,即《西部加拿大语词典与短语手册:新移民想要了解的东西》(*Western Canadian dictionary and phrase-book: things a newcomer wants to know*,1912)中记载的:

> Snake-room(蛇屋),地下室的偏房,酒馆的主人用其来安置吸毒或喝醉的人,直至他们都恢复意识。据推测,他们在那里会"看见蛇"。

事实上,在你和你的snecklifter(指蹭酒喝的男子,或有可能是男妓或男同性恋)进去之前,或许非常应该询问一下蛇屋中的设备情况。

Lifting the sneck

拨开门栓

根据1736年的小偷俚语词典，lanspresado是指：

来公司的时候口袋里只装了两便士的人。

你要么认识一个lanspresado，要么你自己就是一个。而我属于后者。

到处都有lanspresado。他们通常会忘带钱包，或者找不到自动取款机（你知道在威斯康星州自动取款机被称为时光机器吗？），或者他们在房租方面出了些极其复杂的状况，也就是说，他们周四前都会是穷光蛋一个。

Lanspresado一词源自lancepesato，也就是破落的骑士，他没有得到下士应有的报酬，但却做了下士的工作。然而，假如你想要一个听起来更像英语的说法，你可以用回snecklifter。

别忘了，lanspresado必须要四处徘徊。他去到酒吧，但他不能太过接近，除非看见一位已经在那儿的朋友。于是他拨开酒吧的门闩，把脑袋探进去，看看会不会有人来给他买杯喝的，假如没有的话，他就会安静地走开。

门闩的一个旧式说法是sneck，所以snecklifter就是会把脑袋探进酒吧看看是不是有人能支援他一杯酒的人。

Called to the bar
呼唤酒保

一旦进门，就要立刻冲向吧台，如果必要的话，还记得whiffler（开道者，见第四章）吗？在人群中开出一条路，夸张地打着手势，大声尖叫着寻求服务。要想吸引吧台酒保的注意，最有效的方式是用不同寻常的名字叫他们。他们很可能讨厌被称为"酒吧招待"，但却乐意服务那些称他们为Squire of the Gimlet（鸡尾酒护卫，1679）或Knight of the Spigot（水龙头骑士，1821）的人。同样，吧台的女招待可以被称为pandoratrix（很明显，18世纪确实曾被如此称呼），但前提是，她确实像神话中的潘多拉一样，既出售世间的一切愉悦，也出售疾病。酒吧女招待还有一个更具诗意的名字，赫柏（Hebe），《牛津英语词典》中将其定义为：

青春与春天的女神，最初为奥林匹斯山的斟酒人；因此也用她来比喻女服务生，酒吧女招待。

对应赫柏的男性人物是伽倪墨得斯（Ganymede），对他的定义非常类似：

1.斟酒人，负责斟酒的少年，是酒吧侍者的幽默说法。

但大家都会回避这层含义：

2.娈童。

所以最好还是不要谈论神话，用一些友好的说法吧，比如birler（倒酒人），或者bombard man（轰炸者）。只有当他们没有在三十秒内向你提供服务的时候，你才能开始咒骂他们。如果遇到这种情况，under-skinker（指酒保）是一个很好的源自莎士比亚的词，但是这个词远不如lickspigot（也指酒保，同时还有献媚者之意）一词那样，包含强烈的轻蔑。

Ordering
点　单

一旦得到了tapster（酒保）的注意，就需要真的点酒水了。

首先，看看在场有没有哪位女士需要白兰地。如果有的话，你可以说她是bingo-mort，当然，前提是酒吧侍者能流利地说一口18世纪小偷方言。在那种方言中，bingo就是白兰地，mort是女人，这样一来，你马上就能得到酒保的服务。鉴于对旧时方言掌握得如此流利，你便能够坚持要soldier's bottle（士兵瓶，一种大瓶）而不是bawdy house bottle（妓院瓶，一种很小的瓶子），因为即使是在三百年前，在这样的酒吧里，他们也会欺诈客人。

杜松子酒可以被称作strip me naked（把我剥光），但是这点要格外注意，因为酒保可能会按照字面意思来对待你，所以你最好还是要求来一杯royal poverty（高贵的贫穷）[1]。把威士忌称为spunkie或者把烈性啤酒称为nappy ale的时候也要同样小心 [后面那种情况的前提，是那种酒确实会让你打盹（take a nap）]。

最简单的方式还是一直点stagger-juice（烈性酒），然后看看会发生什么。毕竟，你所需要的就是消除记忆的nepenthe（忘忧草），就是让你忘记一切的酒水。或者，你可以直接对酒保引用《圣经》，准确地说，是《箴言》第三十一章：

1　17世纪，英国的杜松子酒产量剧增，但由于廉价，成了庶民的饮料，足以让庶民醉得像国王般快活，故有此说。——编者

可以把浓酒给将亡的人喝，把清酒给苦心的人喝，让他喝了，就忘记他的贫穷，不再纪念他的苦楚。

Fuddling
烂　醉

啊，倒酒时甜美的汩汩声（guggle）！《牛津英语词典》坚持说酒水的汩汩声来自瓶子，但实际上这是一个象声词选择的问题。啊，充满快乐的吧台角落（或者说snuggery，即温暖舒适的地方），你会带着辛辛苦苦得到的饮品撤回到那里。Snuggery——尽管明显和thuggery（谋财害命）、skuldulggery（诡计）、humbuggery（欺诈）押韵——却是英语里最令人赏心悦目的词之一。

过去，每一个酒吧都拥有一块某种程度上的snuggery，它有着不可思议的特性。一位19世纪的苏格兰作家观察到：

先生，snuggery拥有一种收缩与扩张的力量，这是一种地上世界的任何房间都不曾拥有的属性。即使派对的规模扩大三倍或三十倍，它也能随之适应到场之人的规模。

在 snuggery，地上空间的规则松懈了，所有人的努力，所有人曾为之战斗、拼搏、献身的一切，都突然可以不费吹灰之力获得。在这个小小星球的其他地方，人们正在为了获得平等而争斗、示威、反抗、开展运动，而在 snuggery，只要几品脱酒就能获得平等。贵族与平民、富豪与乞丐、负责销售的高级副总裁与负责茶水的初级实习生，他们平等地围着啤酒杯垫坐下来。顾虑、悲哀、不公都被抛到收银台边儿上，所有人都一样高兴（除了尼古丁一族，抽烟的时候他们不得不出去）。

当然，很可能需要把桌子垫高（poon），通常情况下确实需要。Poon 的意思是：

> 在桌腿下放楔子来垫高家具（1856 年起）。起初，垫高似乎就意味着不稳定，所以你要用自己的腿支撑住被垫高的桌腿。

这条定义取自一本学校俚语词典，为温彻斯特圣玛丽学院（Collegium Sancta Maria Wincorum，通俗的叫法是 St Mary's College of Winchester）所特有。令人震惊的是，如此普世的动作竟然有一个仅限于一所位于汉普郡南部的寄宿学校内使用的名字。但语言就是这样的。你的晚餐餐桌或许也需要垫高，但酒杯不那么满的话就没什么必要。酒杯不会一直都是满的。

The results of fuddling
烂醉的后果

一旦你vinomadefied了，各种各样有趣的事情就开始发生了。顺便一提，vinomadefied并不是指"醉酒发疯"，而只是被酒打湿的意思。它是madefied的姐妹词，madefied的意思是使……潮湿。而从另一个谱系来说，这个词也是vinolent的亲戚，vinolent和暴力（violence）无关，仅表示：

对喝酒上瘾，容易喝醉。

这个词曾被巴斯妇[1]用在她宏伟俗丽的序曲中：

For all so siker [surely] as cold engendereth hail,

A lickerous mouth must han [have] a lickerous tail.

In women vinolent is no defence –

This knowen lechers by experience.

就像天冷了准会下一阵冰雹，

---

1 巴斯妇，14世纪英国诗人乔叟的《坎特伯雷故事集》中的人物。——译者

贪馋的嘴也准有骚尾巴一条。

女人喝醉酒，贞操也就保不住，

这一点，色鬼凭经验心中有数。[1]

在现今这个更加现代、更加开明、后女性主义的时代，可以这样改写：

From lecherous women there is no defence

Especially when you're feeling vinolent.

放荡的女人没有防卫心，

尤其是想喝醉的时候。

我们回到正题：vinomadefied 只是一种用来表达 beer-sodden（被啤酒浸透）、ale-washed（被麦芽酒洗过）的更为文雅、更加拉丁语化的说法。

一旦被酒打湿，你就会发现，你的手变得非常 wankle（不稳）。

手不稳的结果是，无论你给自己灌的是什么，它都会被分流到你的嘴里和你干净的上衣上，你理应把酒灌到嘴里，而不是

1　摘自黄杲炘译本。——编者

衣服上。这样产生的污渍被 18 世纪的酒徒称为 the tears of the tankard（啤酒杯的眼泪）。第二次世界大战中的军官则把这种污渍称作 canteen medals（餐厅奖章），这是因为它们总是与阅兵日的银奖章出现在同样的场合里。

不过，酗酒者还可能因为丝毫不是自己错误的事情而染上比"啤酒杯的眼泪"更加严重的污渍。水手们过去常常称其为：

ADMIRAL OF THE NARROW SEAS（狭海上的海军上将）：指因为酒醉而呕吐在坐在对面的人的膝盖上的人。

这相当糟糕，而且会破坏 snuggery 的整体氛围。然而，情况还会更加糟糕。至少，如果你在喝酒的时候脱了鞋子，情况就会更糟糕。我估计，在过去，水手们都是光脚喝酒的——如果不是这样，我实在找不到对下列定义的合理解释，因为看起来完全不符合绅士做派：

VICE ADMIRAL OF THE NARROW SEAS（狭海上的海军中将）：指喝醉后就在桌子下把尿撒在同伴鞋子里的人。

我想说，该死。在良辰将近的时候你可不希望在活动脚趾时得到这样的问候。另外，我也很难想象一个人为何会成为"狭海上的海军中将"，除非他先捡起鞋子，或者萌生了奇怪的目的。女士并没有相对应的短语，而且基本不太可能会有（尽管在《牛津英语词典》中收录了admiraless一词，意思是女海军上将或者男性海军上将的妻子）。

Arriving at the island
抵达岛屿

> ISLAND：他扯着酒瓶喝，直至看到岛屿；岛屿指酒瓶底部的凸起，在整瓶酒快要喝干时，看起来像是个岛屿。

无论是拿破仑瞥见流放地圣海伦娜岛时的难过，还是德雷福斯（Dreyfuss）看到恶魔岛（Devil's Island）时的伤心[1]，都比不上痴心的酒徒看见酒色暗沉的洋面浮现出"岛屿"时的痛苦。此时，桌子四周的人要做出决定，这是普通的酒，还是必须喝

---

[1] 指发生在19世纪末的法国的一起政治冤案，一名法国犹太裔军官被误判为叛国，被发配到恶魔岛。——编者

得一滴不剩（supernaculum）的上等酒。Super是拉丁语，意为"在……之上"，nagel是德语，是"指甲"的意思。正如这一奇特的组合，喝得一滴不剩也是奇特的风俗，1592年时对此描述如下：

> Supernaculum是从法国新近舶来的饮酒手段，即，饮者亮了杯底之后，将剩余的酒滴到指甲上，形成一滴珍珠般的酒滴，如果酒滴滑落，无法保持在指甲盖上，就意味着剩得太多，他要重新喝过，以示改悔。

Supernaculum可以是副词，如上文，也可以是名词，用来描述上等好酒，一滴都舍不得浪费。因此，几百年后，有部词典将其定义为：

> Supernaculum，指上等好酒，一滴都不会剩下，以至于无法沾湿指甲。

又一个世纪后，这个词变成了干杯或喝酒喝哭了。英国首相、小说家本杰明·迪斯雷利（Benjamin Disraeli）在他的首部小说《维维安·格雷》（*Vivian Grey*，1827）里描写了一次饮酒比赛：

杯子现在从餐桌上递到了阿斯曼斯豪森男爵手中。男爵轻而易举地完成了任务，然而，当他把牛角杯从嘴里抽出时，每一个在场的人，除了维维安，都异口同声地大叫："Supernaculum!"男爵笑了，脸上写满轻蔑，他漫不经心地把手里的大牛角杯亮了底，就连被允许滴到指甲上的那珍珠般的一滴都没有。

男爵在喝的是一瓶品质绝佳的约翰内斯堡雷司令白葡萄酒（Johannisberger），这肯定是一滴不剩的好酒。如果你喝的酒没那么好，那么，你也许就不用喝得精光。相反，可以留下一些，混在桶里给教区里的穷人喝。这种混合后的heel-taps（残酒）被称为alms drinks（救济酒），是给住在救济院里的人喝的。但是，莎士比亚曾提及，这种酒很容易让人喝得酩酊大醉，一塌糊涂。不管怎样，无论你遵循男爵的路线还是基督徒的路线，你现在都应该看到桌子上立着的marine officer：

Marine Officer，空酒瓶；指被水兵认为毫无用处的海军军官。

好吧，这是1811年一本词典里给出的解释。1860年，另一本俚语词典却提供了不同的说法：

> Marine 或 Marine recruit，空酒瓶；这一表达曾在一位
> 海军军官面前使用过，军官起初认为这是种侮辱，但有人机
> 敏地化解了他的怒火，声称：这个词不可能有恶意，因为它
> 的含义只能是："完成了职责的人，准备好了再来一瓶。"

准备好了再来一瓶？棒极了。但首先，你醉成什么样了？

The stately progress of the drinker
酒徒的堂皇历程

醉酒的现代测量标准是 Ose 系统。多年来，这一系统有相
当的发展，但目前医学界的共识包括以下阶段：jocose（幽默
的）、verbose（饶舌的）、morose（阴郁的）、bellicose（好斗的）、
lachrymose（泪奔的）、comatose（昏迷的）、adios（再见）。

这个系统是可行的，但不完整。在幽默之后，还有 otiose（不
切实际的）。在好斗之前，少了 grandiose（浮夸的）。而且我无
法理解，在昏迷之前，他们居然漏掉了 globose（不成形的）。

16世纪时，医学尚不发达。尽管如此，1592年，一个叫托马斯·纳什（Thomas Nashe）的家伙阐述了醉酒的八个阶段，这是一个良好的诊断系统。

醉汉不只有一两种，而是有八种。

第一种叫猩猩醉（ape drunke），他又唱又跳，大喊大叫，为上苍起舞。

第二种叫狮子醉（lion drunke），他在酒馆里把酒壶扔来扔去，喊老板娘妓女，用匕首打碎窗玻璃，谁跟他说话，他跟谁吵架。

第三种叫猪醉（swine drunke），他又重、又笨、又困，叫喊着再喝一点儿，到处找衣服。

第四种叫绵羊醉（sheep drunke），他脑子还算清醒，却不能说出一句合适的话。

第五种叫伤感醉（mawdlen drunke），这家伙喝到中间，会仁慈地痛哭起来，一边吻你一边说："凭上帝起誓，我爱你，船长。你走吧；你不会经常想起我，我却经常想起你；要是上帝高兴，我希望自己不会这样爱你。"接着他用手指抹眼睛，哭了起来。

第六种叫马丁醉（Martin drunke）[1]，他醉了，又独自喝到清醒，然后起来了。

第七种叫山羊醉（goate drunke），他醉时，满脑子色欲。

第八种叫狐狸醉（fox drunke），这是一种狡猾醉，像许多荷兰人一样，只有喝醉了才会砍价。

所有这些，甚至更多的类型，我都亲眼见过。当时一群人坐下来喝酒，我被允许在他们中间，我清醒着，任务是记下他们的种种表现。

动物常常被用于对醉酒的描述，想来有点儿奇怪，因为它们很少在酒馆里得到服务。还有猫头鹰：《钱伯斯俚语词典》（Chambers Slang Dictionary）有一整条条目，用不同类型的猫头鹰来描述醉醺醺的人，但并未解释 fresh-boiled owl 是如何喝醉的，或者为何有人要煮它。

阿兹特克人不用人类献祭时，有一个更精彩更奇特的以动物为基础的醉酒系统。他们用兔子，四百只兔子，即 Centzon Totochtin。

1　这里的 Martin 可能是松貂，也可能是一种未确认的猴子，或者暗指纳什卷入的马丁·马普雷拉特（Martin Marprelate）论战，这件事非常复杂，此处不能尽述。

阿兹特克人通过发酵龙舌兰（美洲龙舌兰，Agave americana）的汁液，得到一种奶状的饮料，名曰pulque（龙舌兰酒），饮用后感觉飘飘然，微有醉意。因此，在阿兹特克神话里，龙舌兰女神玛雅胡尔（Mayahuel）嫁给发酵神帕特卡特尔（Patecatl）后，生下了四百只神兔，她用四百个神圣的乳房喂养他们。

这四百只神兔经常聚会，畅饮龙舌兰酒，他们几乎总是处于醉酒状态。其中几个的名字得以记载，比如第二号兔子奥梅托契特里（Ometochtli）和第五号兔子马奎尔托契特里（Macuiltochtli）。

这一切的要点在于，阿兹特克人以兔子来测量醉酒程度。显然，十五只兔子或许是理想状态，但如果达到四百只兔子的程度，你就彻底完蛋了。这个故事有一个可爱的尾声，虽然西班牙征服者消灭了本土宗教，但他们未能消灭豪饮的兔儿爷。这就是为什么直到今天还有一个墨西哥成语："醉得像四百只兔子"（As drunk as four hundred rabbits）。

醉酒有不计其数的说法。本杰明·富兰克林 [第二章里曾提到他洗空气浴，他还写了《骄傲地放屁》（Fart Proudly）等妙文]注意到，多数恶行都有好听的名字。吝啬鬼可以称自己是节约，挥金如土者是慷慨，色鬼是有激情。然而，"醉酒是很不幸的恶行；在这方面，它不和任何一种美德相像，无法借用名字。因此，它被迫采用迂回的说法来表达自己……虽然每个人都能想起一打以上用于醉酒的场合的这类表达，但我想，不怎么去酒馆的人不会想到，这类说法的数目实际上是如此之多"。为后代的醉鬼着想的富兰克林列举了烂醉的二百多个同义词[1]，其中有一些被啤酒浸透的宝石。饮者可以是jambled（醉了）、nimtopsical（晕了）、super nonsensical（超级胡说）、wise or otherwise（智慧或不智慧），或者as drunk as a wheelbarrow（醉得像手推车）。委婉一点儿还可以说，他闻到了洋葱头（smelt an onion），或者，他沿着社会阶梯往上爬，和约翰·草莓爵士乱来（made too free with Sir John Strawberry），并宣布，理查德爵士曾脱下帽子致敬（Sir Richard has taken off his considering cap）。不幸的是，富兰克林的词典没有提供解释，我们无从知晓理查德爵士本来所指何人。但是，富兰克林有种说法——as drunk as David's sow（像戴维家的母猪一样醉），这在格罗斯上尉（Captain Grose）编的《俗语词典》（*Dictionary of the Vulgar Tongue*）里有完整的解释：

> As drunk as David's sow，一种常用的说法，来自以下

1　见书末的附录。

故事：一个叫戴维·劳埃德（David Lloyd）的威尔士人在赫里福德（Hereford）开了一家啤酒屋，他有一头六条腿的母猪，引得好奇心强的人争相观看。他的老婆嗜酒，经常喝醉，他有时会因此教训老婆。一天，戴维老婆多喝了几杯，怕挨训，就把母猪赶出去，自己躺到猪圈里呼呼大睡。一群人来看母猪，戴维把他们领到猪圈，叫着说："这儿有头母猪！你们谁看到过这样的？"他以为母猪就在圈里。有参观者看到了女人的状态，回答道，这是他们见到过的醉母猪之最。从此以后，他老婆被称作戴维家的母猪。

　　虽然戴维的老婆在参观者的眼中腌臜不堪，但我敢肯定，参观者在她眼中很漂亮，因为她戴着beer-goggles（啤酒眼镜）呢。醉鬼眼中的清醒者比起清醒者眼中的醉鬼要漂亮得多；醉酒的主要优点之一就是消除丑陋。这一现象的心理学术语叫作kalopsia（美视症）：一种奇妙的疯狂状态，一切都因此变得美丽起来。

　　这足以让你的脑子里充满情思爱欲（lovethought），正如莎翁的英明观察那样，酒精会"撩拨欲望"。所以，也许是时候做点儿什么了。

第十七章

晚上十点：求爱

四处徘徊—观察目标—搭讪—跳舞—接吻—

匆忙求婚—性—拒绝

On the prowl—observing your target—the chat-up—

dancing—kissing—making rash proposals of marriage—

fanfreluching—rejection

10:00 pm

既然你已经彻底喝醉了，大概是时候尝试去求爱了，因为众所周知，真爱只不过是一场格外痛苦的迷醉。不管怎样，到了 dragging time（拍拖时间），对此，《老式英语和地方英语词典》（*Dictionary of Obsolete and Provincial English*）提供的有用定义是"美好的一天中，小伙儿拉着小姑娘闲逛的夜晚"。

但是，这些词典通常对这些有情人比较不友善。书中有各种各样粗鲁的词语，如 lecher（登徒子）或 slattern（荡妇），似乎是要让某些人为他们天生的生理欲望而羞愧。

有一个词就好听多了，fleshling（小色胚），《牛津英语词典》将其非常含蓄地定义为"一个耽于声色的人"。Fleshling 听上去有点儿像 duckling（小鸭子），又有点儿像 gosling（小鹅），总之让你看起来就像新生儿一样纯洁，当然要比 17 世纪晚期的一部俚语词典中的这个定义好很多：

Mutton-Monger：喜欢女人的人；也是偷羊的人。

但是，如果你把那本词典再往后翻几页，会找到一个更加文明的词：

Give Nature a Fillip：时不时和女人或酒稍微放纵一下。

顺便提一句，fillip（弹指）就是你用一根手指的指尖抵着大拇指绷紧然后将其释放的小动作，是把硬币掷给某人时的妙招，由此，弹指可以指任何小礼物或小小的款待。

再往后翻几页你会发现真正粗俗的乐趣：

Green-Gown，将少女扔在草地上，然后亲吻她们。

啊，一本好词典之妙！但在这样的享乐之前，你首先要为自己找到一位少女或少年，更不必说一片舒服的草地了。

On the prowl
四处闲逛

所以，你必须走进一大群陌生人中，去寻找属于你的某个人，或者至少当你孤独时是属于你的人。你必须一直四处游荡，对此也有各种各样好玩的词语。在 17 世纪，你可以：

Proling，狩猎或寻找一个姑娘，或任何猎物。

在18世纪：

Caterwauling，夜间出去寻找秘密，比如沟槽里的猫。

而在19世纪：

OUT ON THE PICKAROON: Picarone是西班牙语中的小偷，但是这个短语并不指任何不诚实的行为，而是指期待任何刺激的东西出现；同样也包括寻找任何有利可图的东西。

在苏格兰你可能sprunt过，或者说，如果你能够找到一个合适的干草垛就会干这种事。

To SPRUNT（动词、名词）:夜里在干草垛中追女孩子。

不过，我承认最适合用来形容四处闲荡寻找情人的词是Ogo-Pogoing。这可能需要解释一下。

如果你问一个普通人什么是Ogo-Pogo，他会叫你滚开。但如果你问的是来自不列颠哥伦比亚[1]的人，他们会告诉你Ogo-Pogo是一种生活在奥卡纳根湖（Okanagan）的怪物，它偶尔会出现在极度模糊的照片上。不过，即便是他们也不可能知道这头幻兽的真实名字叫Naitaka，而Ogo-Pogo是一个昵称，取自一首曾在20世纪20年代红极一时的英国音乐剧歌曲。

它的曲调朗朗上口，到了1939年，人们似乎还记得它，那时候英国皇家空军会派遣飞行员巡逻不列颠岛，希冀能发现敌机。皇家空军的飞行员称这样的巡逻为Ogo-Pogoing，很有可能是因为当他们在空中飞来飞去、四处巡视的时候，会唱起这首歌的副歌："我在寻找Ogo-Pogo/那有趣的小Ogo-Pogo。"

所以Ogo-Pogo最初只是一首无聊的歌，接着变成了一只虚构的加拿大怪物的名字，后来又被英国皇家空军所采纳，指代四处飞行，希望遇见某些人。如果一个拥有如此丰富历史的词语被淘汰了，这将是一场灾难。那么我们如何才能更好地描述"无望地寻找那个名叫'爱'的虚构怪物"这种行为呢？多亏了皇家空军。虽然proling、caterwauling、pickarooning，甚至是sprunting的说法都很吸引人，但Ogo-Pogoing无疑是形容"带着对爱的渺茫期待四处闲逛"最合适的词。

---

1 位于加拿大西部的一个省。——译者

Observing the prey

观察猎物

在 Ogo-Pogoing 的时候找到一个合适的目标并不容易。《牛津英语词典》中对 spanandry 一词的定义是"某一群体中缺少或匮乏男性",许多看过这个定义的女性都可能会不约而同地叹一口气。当你想要一个男人的时候,每一场聚会、每一家夜店都会令人沮丧——缺少男性。实际上,一个人的 dioestrus(间情期,指女性一段短时间的性不活跃期)可以突然无限延长。

不过随后,propassion 就悄悄地来了。Propassion 指某种适宜的激情首次被激发,或只是感受到有一种激情即将到来,而且就在不久之后。正如第一章中所说,passion 指"爱",来自拉丁语中的"受难",这是因为这两者是一回事;所以从词源上说,耶稣的受难(他的十字架苦难)和我们微小浪漫的爱是一样的。

这时候,你可能仅仅只会 smicker,这是不错的开始方式。Smicker 是指"热情地或放肆地看某人或注视某人"。不过一份中世纪苏格兰诗歌的词汇表(的确有这些东西)指出,smicker 是指"诱惑地笑"。不管怎么解释,如果盯得够久,很有可能会对某些人产生强烈的诱惑,或是产生爱意。Smickering(盯人)

是约翰·德莱登（John Dryden）最喜爱的词语，他想到了下面
这个有趣的句子：

Must you be smickering after wenches while I am in
calamity?

你非要在我受难之际到处盯着女孩子看吗？

你甚至可以用非常精确的方式盯着某个人。比如，你可能
尤其会被一双漆黑的双眸，或一个好看的鼻子，或有诱惑力的
脚踝所吸引。那些以研究性吸引力为生的人（合法的）被称
为agastopia，这一个非常有用的词，《性学描述词典及图集》
（*Descriptive Dictionary and Atlas of Sexology*）如此定义：

Agastopia，一个极少使用的词，形容对身体某一特定
部位的欣赏。

既然古时候的性学家和雕刻家都知道agastopia这个词，那
么它极少被人使用就令人费解了。我们就是从喜欢屁股的希腊人
那里才得到了现代英语词callipygian，指臀部迷人的。

在古锡拉库扎（Syracuse）[1]有或者至少曾有过一种对美臀女神阿佛洛狄忒（Aphrodite Kallipygos），或者说臀部迷人的维纳斯（Venus of the Beautiful Bottom）的全民崇拜。[2]对此的唯一描述来自古希腊一个名叫阿尔西弗龙（Alciphron）的小伙子，他把时间都花在了杜撰信件上。

可以肯定的是，希腊人会为所有臀部迷人的阿佛洛狄忒雕塑提供资金支持，主要目的就是使她拥有尽可能迷人的臀部。萨莫萨塔的琉善[3]曾记录下他见过的一座雕像，出自古时候最伟大的雕刻家——普拉克西特利斯[4]。这座雕像显然太完美了，阿佛洛狄忒的臀部是如此性感，一个年轻男子甚至在神殿里狂热地亵渎这位大理石女神。被人发现后，他感到非常窘迫，于是投海自尽，我想如果是你的话你也会。他死了，但callipygian这个词留了下来，而且毫无疑问，它对男人和女人、人和神、石身和肉身均适用。

不过，从对natiform（臀状的）的喜爱说开去，一个人对身体某特定部位的迷恋可能会把他引向bathycolpian。Bathycolpian

---

1　意大利西西里岛东部一沿海古城。——译者

2　阿佛洛狄忒是希腊神话中的称呼，维纳斯是罗马神话中的称呼，二者是同一个神。——编者

3　Lucian of Samosata（约125—180），罗马帝国时代以希腊语创作的讽刺作家。——译者

4　Praxiteles，公元前4世纪古希腊著名的雕刻家。和留希波斯、斯科帕斯一起被誉为古希腊最杰出的三大雕刻家。——译者

的意思是"胸部很深的"，用它来形容女性拥有性感丰满的胸部是一个出奇婉转但却美好的做法。对任何曾被扇过巴掌或身处严格假释中的人来说，用这种晦涩的方式形容一位女性还是很不错的。

有如此多不同的身体部位可以观看，难怪你的amatorial（眼部的）肌肉会从一边瞟到另一边。一部18世纪的词典对这个词给出了一个非常精确但又有些多余的定义：

AMATORII Musculi（对解剖学家而言）：眼部的肌肉，可以使人斜视，并且有助于做出一个叫作"抛媚眼"的特殊眼神。

那么问题来了。你变成了一个ogler（会抛媚眼的人），一个snilcher（四处寻找猎物的人），一个haker（对别人有企图的人）。插一句，hake可不是一种鱼：

HAKE：垂涎，渴望，鬼鬼祟祟地做或闲逛。

如果你不想仅仅被当作是gazehound（锐目猎犬，指使用耳力而非嗅觉狩猎的猎犬）或多情的运河凝视者（gongoozler）的话，你一定要提高技能。如果你已经决定好想要什么，这就是采取行动的最好时机。如果你是女性，你可以腼腆地做出 arrision（向某人露出笑容）这个动作，或尝试着 minauderie（卖弄风情）。如果你是男性，而且已经选好了你的 rumstrum（旧时拦路抢劫的强盗的黑话，指漂亮女孩），那么是时候 pavonize（自我展示）了，就像雄孔雀为了惊呆所有有望勾搭成功的雌孔雀而炫耀华丽的尾巴那样，展示你雄伟的男性气概吧。

但是，仅仅自我展示是没用的；这会让你陷入"只是追逐女人的男人（dangler）"的危险（dangle：跟随一个女人，但什么都不问）。你必须判断，这是一种强烈的激情还是只是 velleity，《牛津英语词典》将该词严格地定义为"一种事实或特质，仅仅体现为愿意、希望或欲望，却从不努力或进一步付出行动使其实现"。

当然，你的不作为或许自有道理。也许你的爱恋对象是一个 figurant（群舞演员）。我承认，这是一个芭蕾领域的专业词语，指某些只跳群舞从没跳过独舞的人，不过它在迪斯科舞厅的用处也是不言而喻的。群舞演员将自己封闭在了由此起彼伏的肩膀和旋转的后背铸就的安全堡垒中，接近他们异常困难，但还是要试一试。懦弱的人不可能赢得爱情。

你甚至可能会冒出一身古英语所说的 need-sweat，这是由于重度焦虑引起的汗水。但这种汗水和 anuptaphobia（单身恐惧症）相比又算得了什么呢？尽管anuptaphobia是个心理学词语，但她实际上是个女神，一个残忍而可怕的女神，主管着人类所有最尴尬的行为。当Anuptaphobia女神发出命令时，有谁能拒绝呢？是时候接近你默默喜欢的对象了。如果女神命令你向对方flicher，那你就做吧。

想知道flicher是什么意思吧？请看下面的解释：

FLICHTER（动词）：跑步时张开双臂，就像家鹅半飞半跑时的样子，用于形容孩子跑向他们依恋的人。（邓弗里斯方言）[1]

所以：

FLICHTER-FAIN（形容词）：非常喜爱某个事物，喜欢到以上述方式奔向它的程度。

最简单的方法往往是最有效的。

---

1 Dumfries，苏格兰南部的一座城市。——译者

The chat-up

搭　讪

　　每个物种都有独特的求偶声。比如，獾会朝它未来的爱人发出 shrike（伯劳鸟一样的叫声）；狐狸会发出 clicket（咔嗒声）；公羊会发出 rattle（咯咯声）；鹿会 croon（低鸣）；母猪会朝她的公猪 breem（哼哧）；母牛会朝公牛 eassin（哞哞叫）；水獭会发出 whine（呜呜声）。你不需要模仿其中任何一种，但如果你听到了一阵伯劳鸟的叫声，还是赶紧找个理由离开吧，因为你遇到的可能是只做了伪装的獾。

　　万幸的是，克里斯托弗·马洛[1]已经找到了谈话的正确开始方式，并在其作品中记录了下来。

　　　　与我同居吧，做我的爱人，

　　　　我们将品尝一切的欢欣，

　　　　凡河谷、平原、森林所能奉献，

　　　　或高山大川所能馈赠。[2]

1　Christopher Marlowe（1564—1593），英国戏剧家及诗人，发展了无韵诗体，革新了戏剧，主要作品有《帖木儿》《爱德华二世》等。——编者

2　摘自王佐良译本。——编者

如果这不起作用，或者你的意中人不喜欢陡峭的山峰，你可以采用20世纪50年代的版本："假设我们在一起然后分食一条鲱鱼。"遗憾的是，那个年代的人们都太喜欢新鲜事，以至于没人记得为什么要分食一条鲱鱼。卡贝尔·卡洛韦记录了一条比较容易理解的术语："晚上你愿意和我一起去看闪光的东西吗？"他巧妙地将这句话解释为"邀请女生看电影的得体方式"。值得一提的是，如果你的爱恋对象回答"杀了我吧"（kill me），他们想要的并不是安乐死，你可别真的杀了他们。"Kill me"只是卡贝尔·卡洛韦表达"让我开心一下吧"的方式，这应该是你最期待的回答。这种情况下的隐语相当容易让人误解。"谋杀"在《隐语词典》中指"很棒的事"，只要双方都熟悉这种独特的用法，那就完全没问题，但在法庭上还是可能会让人混淆，变成一个无力的借口。

或者你可以换个更简单的方式，直接丢 两句恭维话。如果确定要这么做，你一定要比约翰逊博士在他的词典里描述得更绅士一些。在某个不常见的厌女时刻，他这样写道：

Bellibone（名词），一个外表和品德都无比出众的女人。现已不用。

根据《牛津英语词典》，该词最后一次出现是在1586年，这不由使人好奇1587年发生了什么，使得那时候的女性要么只有容貌，要么只有品德，使得bellibone（淑女）一词被弃置了。

你也可以称一名女性为wonder wench（古约克郡词汇，相当于"甜心"），或者如果你觉得已经准备好为自己辩护了，就用cowfyne（漂亮的母牛），这个词即便在苏格兰词典中也被定义为"一个滑稽的表示爱慕的词语"。实际上，被如此称呼的女士可以做出的唯一得体的还击是称呼那家伙为snoutfair（帅气的公猪），一个表示帅气的词，尽管《牛津英语词典》强调使用该词时常常"带着轻蔑的意味"。

但是，如果你的主动奉承和恳求换来的不是彼此调情、交换旧时表达爱慕的话语，而是无视、怀疑、鄙视的笑声或突然逃离，你该怎么办？不要担心。这可能只是一种accismus（矜持）。

矜持是一个修饰语，意思是假装对非常渴望的东西不感兴趣：

> 愚蠢的矜持有一种特质
> 会谦虚地拒绝所赠之物

矜持曾被认为是女性最必要的美德。比如，有一种非常奇怪的反对维多利亚时期女校的争论，它主张：

女人对于口才的需要不比矜持……在这个层面上，母亲、父亲、男人，甚至年轻人，都是她们最好的伙伴；相反，女孩如果和其他年龄相仿的女孩接触，比如在学校里，就会开始染上彼此的缺点，而不是优点，会开始热衷于衣着、赞美，以及八卦，甚至开始忘记矜持。

当然，所有这些都指向了一个问题，那就是什么时候的矜持（不管男性还是女性）是真的矜持，而什么时候（我居然敢这么假设）是真的不感兴趣。这个困扰年轻恋人们多年的问题，其实早已被英国国教通过 Nolo Episcopari（拒绝担任）的体制解决了。

任命主教是件棘手的事。要想成为主教，你必须拥有基督教美德中的谦逊；然而，如果你真的谦逊，你很可能就会觉得自己不够格当主教从而拒绝这份工作。即便你自认为是一名优秀的主教，主教法冠将非常适合你，你也不可以就这么说出来。这会很难堪。所以你需要展现一点点的矜持，你要在众牧师面前宣告你真的不想当主教，用拉丁文说就是 "Nolo episcopari"。

当你严肃地宣布这件事，而不是说"好吧，就这样吧，我觉得可以"时，教会议会会再问你一次，但是第二次你还是要谦虚地回答 "Nolo episcopari"。到了第三次，你就要说"好吧，赶紧吧"，或"我愿意做主教"，或其他表示同意的话。这样一来，你既可以展现你的谦虚，又可以得到这个职位。

不过，记清楚次数尤为重要，如果你在第三次的时候还说"Nolo episcopari"，人们就会觉得你是认真的，那么升职的机会就永远溜走了。这很像路易斯·卡罗尔[1]在《猎鲨记》(*The Hunting of the Snark*)一诗中提到的贝尔曼法则(the Rule of the Bellman)："我和你说过三遍的事就是真的。"

尽管你还抱有希望，但矜持了三次的事实是改变不了的，之后你得到的将是现实的耳光。

这常常是求爱期间的一个阶段，在这期间，女性会希望自己有一个parabore(伞状面罩)或其他能防备讨人厌的家伙的装备。Parabore长什么样我们不确定，不过其在《牛津英语词典》中收录的第一个（也是唯一一个）用法如下：

> ……一种带有小孔的网，一个伞状的空心体，作用是保护自己，就像我们的蚊帐。

所以，parabore可以附在一顶宽檐的帽子上。你可以装个类

1　Lewis Carroll（1832—1898），英国数学家、童话作家、牧师，著有《爱丽丝梦游仙境》、《猎鲨记》等。

似开伞索的东西，拉一下，头部周围就会落下一圈厚厚的面纱，像养蜂人一样。所以，轻弹一下手腕，被骚扰的美女就能使自己从别人的视线中消失，从而给他的追求者一个确定的信息。如果parabore的制造成本合理，我觉得它将变得非常流行，不过，看到所有的女生都在他们鼓起勇气接近时伸手去拉开伞索，那些可怜的小伙子难免会沮丧不已。

如果这种不幸的命运降临到了你的身上，你可以不动声色地再次求助《隐语词典》中的俚语，大喊"你是个V-8，宝贝，一个V-8"，因为某种原因，V-8指"摒弃伴侣的少妇"。不过，最好不要走到言语侮辱的这一步，因为她会（从厚面纱的后面）丢出一些伤人的话——下面是一些建议：

Twiddle-poop，一个看起来女性化的男人。
Smell-smock，一个下流的人。

或者，最糟糕的情况，可以用这个来自约翰逊博士词典的词：

Amatorcultist（拉丁语为amatorculus），一个不重要的小情人；一个癞蛤蟆想吃天鹅肉的人。

257

一旦被叫作amatorcultist，就没有任何转圜的余地了；你能做的只能是慢慢走远，泪流满面地消失。

不过让我们假定一下，在恋爱早期也会有少数人成功。那么现在是什么情况？有一半可能，你的主要目的是thelyphthoric。Thelyphthoric来自古希腊语，thely指"女性"，phthoric的意思是"使堕落、腐化"，所以《牛津英语词典》将它简单定义为："使女性堕落或摧毁女性。"

Thelyphthoric一词在英语中的历史是从1780年一部突破性论著的标题开始的：

THELYPHTHORA; OR, A TREATISE ON FEMALE RUIN, IN ITS CAUSES, EFFECTS, CONSEQUENCES, PREVENTION, AND REMEDY; CONSIDERED ON THE BASIS OF THE DIVINE LAW: Under the following HEADS, viz. MARRIAGE, WHOREDOM, FORNICATION, ADULTERY, POLYGAMY, and DIVORCE; With many other Incidental Matters.

摧毁女性；或论女性堕落之缘由、影响、后果、预防和治疗；以神圣法为基础：分为以下几个部分，即结婚、卖淫、乱伦、通奸、一妻多夫和离婚；还包括其他附属问题。

这个标题有点儿厉害了。开篇第一句话更是锦上添花："作者毫不犹豫地将本作品称作'论著'，一种最重要也最有意思的出版物之一，自新教改革（Protestant Reformation）之后开始出现。"

不过越往后读（谁不会往后读啊？），你就越会发现它远不只是一个有用的指导手册，其作者是在彻底反对女性堕落和所有双方都能获得的其他乐趣。实际上，他有一个极高的道德目标，即通过将离婚不合法化和重新引入多妻制来阻止女性堕落。

Thelyphthoric一词的道德高度并没有维持很长时间，相反却滑进了语言的低地。说实话，这样的词是永远不可能保持纯粹的，而且，现代社会的大多数人既想自己堕落，也想认识堕落的人。

The dance-floor

舞　池

当女性试图堕落，最普遍的方式就是跳舞，shake a hough（晃动脚腕）或tripudiate（欢快摇摆）。这些节奏运动的堕落属性被详细记录在各种词典中，比如源自18世纪的：

Balum-Rancum，一种跳跃或舞蹈，参与的女性都是妓女。注意，参与的人都是不穿衣服的。

或者从男性角度衍生的：

Gymnopaedic（古希腊），公共节日里由裸体男性表演的舞蹈或其他节目的特殊称呼。

或者对两性都适用的：

在不定期的联谊会中，buff-ball是一种舞会，其特点是参与者粗鄙下流，其着装要求（costume de rigueur）为：像原始人那样一丝不挂。

在这里，最受喜爱的娱乐就是buff-ball，舞会上男女双方都不着一缕，在威士忌原浆、小提琴和六孔笛演奏的音乐的刺激下一起疯狂。

但怎样才能用一种张扬但又博学的方式介绍这件事呢？在1960年的电影《叛逆女孩》（*Beat Girl*）中，奥利弗·里德走向酒吧里一名年轻时髦的猫女郎，说："Say, baby, you feel terpsichorical? Let's go downstairs and fly." Terpsichore 是古希腊九缪斯之一，专司舞蹈。所以在电影的语境中，里德先生问的是："你受到舞蹈缪斯的启示了吗？让我们到地下舞厅里跳一支吧。"并且，从电影的情节来看，这样的问法奏效了。Terpsichore 女神是如何且为什么会在20世纪中期名满天下的呢？这似乎是个谜。《牛津英语词典》甚至收录了其缩短后的动词形式 terp。

然而，如果这位灵动的缪斯并没有激发你跳舞的冲动怎么办？如果没能献上充足的祭品，她可能会用神仙脚绊你一下，让你在舞池上 baltering。Balter 是一个古老的动词，意思是笨拙地舞动，不过有一部词典将其严格定义为："用一种滑稽的方式踩踏地板，就像牛踩在草地上一样。"

Make me immortal with a kiss
一吻使我永生

位于南美洲最南端的火地岛（Tirra Del Fuego）上的雅甘人（Yaghan）是迄今已知的少数几个不穿衣服的部落之一。但火地岛并不是个温暖的地方。即使在夏天，那儿的温度也很少升到九摄氏度以上。然而他们就是赤身裸体，查尔斯·达尔文（Charles Darwin）乘着贝格尔号（Beagle）对他们进行考察时，甚至非常不礼貌地称他们为"可怜又堕落的野蛮人"。但事实上，只是雅甘人还没有发明衣服而已，不过他们自有独特的保暖方法，那就是从头到脚涂上动物油脂，再相互依偎。当你想到他们的语言中一个非常有用的词——mamihlapinatapai时，一定要记住这种独特而节能的保暖方式。

Mamihlapinatapai通常指"两个人望着对方，希望另一方可以做双方都渴望但谁都不愿先做的事"。这个词被公认为世界上最有用的词语之一。如果两个人站在门口，都做着"您先"的姿势，那就是mamihlapinatapai；如果两个人无聊地坐在等候室里，都希望另一方先打破沉默，那也是mamihlapinatapai；如果两个人看着对方的眼睛，突然意识到嘴唇可以做说话之外的其他事情，但都不敢提到那件事，则是mamihlapinatapai rex。

但是，mamihlapinatapai是个极具争议性的词。雅甘语言专家（一伙我没有资格成为其中一员的人）承认这个词在理论上是有可能的，但同时又对其真实性嗤之以鼻。它或许存在，就像英语中的antifondlingness一词或许存在一样，但那不意味着它真的存在过。根据专家的意见，mamihlapinatapai只是某个不知名的语言学家的奇怪创造而已。

这种说法乍一看非常有说服力。一个连衣服都没发明的部落怎么可能想出如此复杂的词。但是，我认为这两者实际上是相关的，因为，如果你在大部分时间里都赤裸地与人相拥在一起，并且全身涂满油脂，那么mamihlapinatapai将成为一种非常普遍的感受。实际上，它也将成为你赤身裸体、涂满油脂的状态下最主要的心情。

那么，我们假设舞会结束了，你俩四目相对，那种名叫mamihlapinatapai的感受降临到你们身上。接下来该怎么办？

我能提供的最简单的回答是问一句，"Care for a biscot？"Biscot的意思是"爱抚"。不过对方可能不知道这一点，但没关系，毕竟大家都喜欢biscuit（饼干）嘛。

或者问对方是否osculable，这样比较不容易引人误解。Osculable的意思是kissable（可以亲吻的），只是要更加动人一些。根据《牛津英语词典》，这个可怜的单词仅仅被用了一次，是在1893年，被用来形容教皇。所以这个词几乎就像个处女，我们应该把它拿出来向全世界展示。

Kiss的拉丁语是osculare，由此引申出了一些绝妙而晦涩的英语词语，比如：osculatrix（一位亲吻别人的女士）、oscularity（一个吻）和osculary（任何可以或应该被吻的东西，通常是个宗教遗迹）。

你可以这样向对方说："You are an osculary, and this is my religious duty." 诸如此类。

现在，接吻时间——而不是真相时间——到了（这两者是完全不同的概念）。眼睛闭上。嘴唇相碰。这时候，一方或双方通常会尝试cataglottism。想要知道这个词的定义，我们可以查阅1656年布朗特[1]的《注释集》（*Glossographia*）：

> Cataglottism：用舌头接吻。

这个词虽然不常见，但几百年来却幸存了下来。正如伟大的生物学家亨利·哈夫洛克·霭理士（Henry Havelock Ellis）在1905年观察到的：

> 刺激皮肤产生的兴奋感揭示了爱抚时的心理状态……亲吻不只是情感的表达；它是激发情感的一种方式。舌吻绝不只限于鸽子。

1　托马斯·布朗特（Thomas Blunt，1618—1679），英国人，词典编纂者和古文物研究者。——译者

舌吻是件不错的事。不过话说回来，tongue 通常指楔形物的细端。如果要细数接吻的道德危害，1652 年托马斯·厄克特的《珠宝》中的描写最具说服力。

于是他们的口才暂时消失，想说什么都只能用眼和手表达，但这样反而有效，任何一方的某个部位或某种感觉在双方的眼里和手里都是显而易见的；一方想看的欲望（visuriency）会引发双方抚摸的欲望（tacturiency），使得任何一方的打量都会导致双方相互吸引。

Visuriency 指"看的欲望"，tacturiency 则指"抚摸的欲望"。不过，过于严厉批判别人抚摸的欲望是不公平的。《牛津英语词典》收录了一个听上去既美好又不幸的词：

Fondlesome：形容词，对抚摸上瘾的。

这比海洛因还要可怕。但是要记住，比起惩罚，爱抚惯犯更需要的是治疗。如果你不认可，那你最初就不应该让他们尝到 fleshment（甜头）。

曾经人们通过给动物点儿甜头吃来训练它们狩猎。如果它们做了应该做的事，就奖一口肉来奖励；如果它们没有完成任务，那就没有奖励。一模一样的方法和词汇可以用于我们现在讨论的行为。总之，《牛津英语词典》将 fleshment 定义为"由于初次成功而产生的兴奋"。所以一次甜头可能会带来不好的后果，使得人们走得太远太快。目前这种情形意味着下面两种情况之一。

Proposing marriage
求　婚

Mariturient 指"渴望结婚"，是从上节中引出 visuriency（看的欲望）和 tacturiency（抚摸的欲望）的一类愿望动词引申而来的。渴望结婚是一种相对普遍和良性的状态，最终会走向最为神圣的婚姻，让两个人相互慰藉。但是在极端情况下，它也可能表现为 gamomania（一种精神错乱，症状是经常莫名其妙向别人求婚）。好吧，我们现在去关照一下这些"有求婚癖的人"。

每个男人都偶尔会真诚地想要让一个女人成为 17 世纪所说的 comfortable importance，18 世纪所说的 lawful blanket，以及如今这个堕落且缺乏想象力的时代所说的wife。但是求婚癖远不只于此。

如果他开始念叨说你fangast，那么求婚癖的迹象便有所显现了。Fangast是个过时的诺福克方言，意思是"适合结婚"，它的起源已消失在时间的迷雾中。现在几乎不再有人知道这个词，它也因此可以变得非常有用。假设你那无足轻重的另一半有一天发现你将所有认识的女性朋友列了一张表，并且在每个名字边上写了marriage material（适合结婚的人选）或not marriage material（不适合结婚的人选），她一定会怒不可遏。但要是写fangast（适合结婚的）和not fangast（不适合结婚的），你就是清白的——除非她是来自古诺福克的时间旅行者。

如果正好有一个朋友知道这个词，那你们两个就可以当着另一半的面讨论某个人适不适合结婚，而且没有被揭穿的危险："Have you met my new girlfriend? She's so pretty, and not at all fangast."（你见过我的新任女朋友吗？她很漂亮，但是一点儿都不适合结婚。）

"What?"

"Nothing, darling, nothing."

但是有求婚癖的人不会这么想。对他而言，所有人都是适合结婚的。他会给所有人献上subarrhation（给未来另一半的礼物）。不过你一定要记住，他是个求婚者，同时也是个疯子，不管他看起来多么诱人，你一定要拒绝。当然，他也有可能不是个有求婚癖的人，但却有一个更加不体面的称号，对此，约翰逊博士给出了定义：

Fribbler，一个向女人表白却害怕她同意的人。

Fanfreluching
性

爱抚般的舌吻可能导致的另一种后果是fanfreluching，这是 swiving、meddling、melling、mollocking、wapping、flesh-company、quaffing、carnal confederacy、jelly-roll、jazz、jig-a-jig、jockumcloying、hot cockles、subagitation、interunion、the Venus exercise、the last favor、old hat、pom-pom、poop-noddy、Moll Peatley、Sir Berkeley 的另一种说法，简而言之，就是"性"。

不过现在我们遇到了一个难题。首先，这是本严肃的参考书，我不想添加任何可能会显得它有失身份的东西。其次，世上有多少性行为就有多少色情的词语，而且要想准确解释change at Baker Street[1]的意思就好比深陷泥潭，越解释越说不清——而且出版商坚持不需要我展开详细说明。最后，也是最重要的一点，这是一本参考书，一定要有参考价值。所以我们必须要弄清楚的问题就是，你，亲爱的读者，今晚是否有做那事儿的打算。亲爱的读者，既然你是那种会读与晦涩词汇有关的书的人，我猜你的回答恐怕是"否"。

更糟糕的情况是——你可能是那种会写这种书的人。

那就让我们悲伤地假定，你的supersaliency（扑倒某人的行为）得到的是imparlibidinous（不对等的）回应。（也就是说，你想要通过扑倒你所爱的人发起一场性行为的尝试被对方断然拒绝，因为你们俩的魅力是不对等的。）通往真爱的道路从来都不是一帆风顺的，你从来没有听过一个叫equienecessary（对等的）的词也是情有可原的，因为我们几乎做不到这一点。

1　或指肛交。——编者

Silence and tears

沉默和眼泪

这时候，一定要抓住你在当前形势下仅存的微弱的尊严。当你伤心地收回承诺时，你可以假装它仅仅只是一场微不足道的恋情（passiuncle）或没有意义的激情。甚至不是真实的。但最好的东西没有一件是真的。当你所爱的人匆匆离去，想要取得法院对你的限制令，你至少还可以安慰自己看到了"毗斯迦山的景象"（Pisgah sight）。

摩西带领以色列人穿过旷野时，他请求上帝允许他穿过约旦河进入应许之地，但上帝不让他过去，只让他看一眼。

> 摩西从摩押平原登尼波山，上了那与耶利哥相对的毗斯迦山顶。耶和华把基列全地直到但，拿弗他利全地，以法莲、玛拿西的地，犹大全地直到西海，南地和棕树城耶利哥的平原，直到琐珥，都指给他看。耶和华对他说："这就是我向亚伯拉罕、以撒、雅各起誓应许之地，说：'我必将这地赐给你的后裔。'现在我使你眼睛看见了，你却不得过到那里去。"

> 于是，耶和华的仆人摩西死在摩押地，正如耶和华所说

的。耶和华将他埋葬在摩押地、伯毗珥对面的谷中，只是到今日没有人知道他的坟墓。[1]

英语语言正是从这悲伤的经文中吸收了Pisgah sight这个短语，指可望却永远不可即的东西。《牛津英语词典》在Pisgah sight这一词条下提到了它的第一任编辑詹姆斯·默里爵士（Sir James Murray）——这是一次伟大的自我参照——他"在弥留之际完成了一部比约翰逊博士的词典规模更大，结构更科学的语言参考书"，但是他没能看到毕生心血印刷成册就走了。

剩下的就是nympholepsy了，指牧羊人在放羊途中遇见林间仙女，于是被一种求而不得的渴望所折磨。这样一来，牧羊人再也不会快乐。他们日渐消瘦，不再照顾羊群，而是忙着搜查森林，想要找到那个永远不可能找到的仙女。

所以还是回家吧。不管怎样，天色已晚，我猜你明天还要早起。一般我们都要早起。打起精神来，假装什么也没发生，准备离开，还可以给自己哼一曲悲歌，就是那首包含了人类所有悲伤的歌：

---

1 《申命记》第34章第1—8节。——译者

我在寻找Ogo-Pogo

那有趣的小Ogo-Pogo

它的妈妈是只蠼螋，它的爸爸是头巨鲸

我要在它的尾巴上撒一点盐，

我想找到Ogo-Pogo。

第十八章

晚上十一点：跌跌撞撞回家

离开—迷路—跌倒—准备睡门外

Setting off—getting lost—falling over—attempts to sleep

outdoors

11:00 pm

仙女们离开了，酒店也要打烊了，是时候回家了。就连夜间娱乐的忠实追寻者卡贝尔·卡洛韦都回家了。他的《隐语词典》中有一对实用的词条，适合在 late bright（夜晚结束时）说出来：

> Final（动词）指离开，回家。比如，I finaled to my pad（去睡觉）; We copped a final（回家）。

以及：

> Trilly（动词）指离开，出发。比如，Well, I guss I'll trilly（我想我该离开了）。

但你要怎么回家呢？你可以拼一辆出租车。《牛津英语词典》强调，拼的出租车叫作 dolmus，来自土耳其语，指"装满的"。不过，你的圆桌骑士（ale-knights）在哪里啊，夜里一起寻欢作乐的同伴呢？走了，该死的，都消失了。卡米洛特[1]在荒郊野外，你可能得走路回家。

如果够幸运，你可能会遇上一位 white sergeant（白警长）：

1　Camelot，英国传说中亚瑟王的宫殿所在地。——译者

如果一个男人被妻子从酒馆或啤酒屋抓回去，就会被说成是被白警长逮捕了。

不过考虑到你在上一章的表现，我认为这是不可能的。

Heading home
回　家

在《坎特伯雷故事集》中，乔叟尽可能分析了人类的各种境况，并且把人类对幸福的追寻比作一个酒醉的人试图走路回家。他思考的主题是，尽管我们都在寻求幸福，但我们一直不知道它在哪儿，最终只是到处游荡，追求我们自以为想要的东西：

> 变得像个醉汉，醉得像个老鼠。
> 但还有个家，这一点醉汉清楚，
> 但他不知道，怎样才能走回家，
> 而对于醉汉，每条道路都很滑。
> 事实上，我们活在世上就这样，
> 总在苦苦地追求幸福和欢畅，
> 结果常发现路都走错了。

如果路特别slidder（滑），也许你可以说服某人agatewards（送你回家）。Agatewards这个优雅得体的老词现在只见于一些老式英语词典中：

Agate-Wards（副词），To go agatewards with anyone，指陪他走一段回家的路。这是从前待客之道的最后一步，现在在某些地方，因引路和安全的需要，也常常是必要的。林肯郡的说法是agatehouse，北部的说法通常是agaterds。

这个词里的gate是一个意为"公路"的旧词。所以，如果你walk somebody agatewards，就是要陪他们走过阴暗狭长、人迹罕至、盗贼潜伏的小巷，然后在开阔的公路上分开，在那里，会有拦路强盗潜伏。总体而言，拦路强盗是高级的窃贼，甚至有这样的词：

ROYAL SCAMP：只抢劫富人的拦路强盗，并且不虐待他们。

此外，还有royal footpad，意思和royal scamp一样，只不过没有马骑。不幸的是，现代强盗似乎都是"一视同仁的"

（republican）。[1]

你可以雇一名moon-curser（诅咒月亮的人），即一个可以一路陪你并用火把照亮你回家之路的男孩。显然，他们和月光是永久的竞争关系，故而得名。他们不像royal scamp那样令人尊敬：

> MOONCURSER：持火炬为黑暗中的步行者照明的男孩，据说他们会诅咒月亮，因为月亮使他们的帮助显得多余；他们常常会在步行者过阴沟、穿暗堂时以为其照明作掩护，协助强盗抢劫。

所以最好还是做一个solivagant（独行人），独自走向远方的幸福。Vagari是拉丁语中的"漫步"，solivagant只是英语中那些绝妙的以vagant为词根的词汇之一。如果你在室外漫步，额外走了很多路（extra）——即超出你的预计范围，你就是在extravagant（奢侈挥霍）。实际上，extravagant原先与金钱完全没有关系，只是指"徘徊太久"。所以奥赛罗被比作an extravagant and wheeling stranger/Of here and everywhere（一个到处流浪、四海为家的异邦人），是指他还没有安定下

1　republican与前文的royal相对。——译者

来。你还可以 mundivagant（漫游世界）、multivagant（到处闲逛）、montivagent（漫步山中）、nemorivagant（漫步林间）、nubivagant（漫步云端），以及 omnivagant（到处漫步）。

这些词语比看上去要有用得多。飞机 nubivagant、大猩猩 nemorivagant，而在史诺多尼亚[1]度假则可以用 montivagant。实际上，如果能在湖区[2]过一个昂贵的假期，你就可以同时 montivagants、nubivagant、nemorivagant，以及 extravagant（奢侈地享受）。

但是，我们现在需要的词是 noctivagant（在夜间徘徊）。你一定会像一个 gyrovague（即云游僧）一样出错，走到死胡同、twitchels（篱间小路）、diverticulums（羊肠小道）里去。你很可能发现自己正处于巷道中（in a trance），因为这里的 trance 是古苏格兰词语，指两座建筑物之间的通道。你可能还会 vagulate（踌躇）、wharve（徘徊）；最后，你可能会变成 night-foundered vicambulist（被夜色吞没的流浪汉）或迷失在黑暗中的站街女。

这时候，你可能会思考 nullibiety 这个夸张的概念，即不在任何地方。它通常只用于理论，但也可以适当转换成"喝多了之

1　Snowdonia，位于英国威尔士西北部的国家公园。——译者

2　Lake District，英国的十四个国家公园之一，位于英格兰西北部坎布里亚郡，是非常受欢迎的度假胜地。——译者

后尝试找到回家的路"的意思。它还有个同义词nullibiquitous，正好与ubiquitous（无处不在）的意思相反，指"不在任何地方"。比如，你有时候会满屋子找那把不在任何地方的车钥匙或诸如此类的东西。

或者，你会在黑夜中环顾四周陌生的街道，结果发现自己pixilated（鬼迷心窍）了。Pixilated这个词很妙，是报纸上一些严重的排印错误的起因——看你能不能找到这些错误了。Pixilated和pixelated完全不同，带E的后者是指人出现在电视上时人脸上的像素点。而带I的pixilated指的则是"被小精灵引入歧途"。如果仔细看报纸，你会震惊于报纸上有多少罪犯被这个小东西"迷了心窍"。

这些顽皮的精灵真惹人厌，让很多人去野外乱走。约翰逊博士称之为skimbleskamble oberrration（混乱失常），会让你"累得像条狗"（dog weary），最后倒在最后一段路上（upon the wheady mile）。

Wheady mile是个极其有用的概念，在1721年内森·贝利（Nathan Bailey）的《通用词源词典》（*Universal Etymological Dictionary*）中被定义为"预期之外的一英里，极其乏味的一段。什罗普郡方言"。这是旅程的最后一小段，花的时间比你计划的要久得多。还有一部词典称之为"无比漫长的一英里"。如果光从字面上看，会觉得有些说不通，因为通常来说一英里就是一英里。但以你现在的状态——酩酊大醉、筋疲力尽、伤心欲绝——"无比漫长的一英里"完全可以理解。如果你在长夜漫漫的绝望中跪地不起，我也不会怪你。

Devotional habits
祷告的习惯

当戴克里先[1]于公元298年进入亚历山大城时，正怒气冲天。亚历山大城的人民奋起反抗，坚持了几个月才最后投降，向这位君主打开城门。暴怒的戴克里先立马下令屠城，亚历山大百姓的血没有没过马的膝盖就不停止。当时的亚历山大城人口不足一百万，一个普通人身上大概有一加仑的血，这意味着罗马士兵可屠杀的百姓的血有一个半奥林匹克游泳池那么多。所以戴克里先的打算是可行的。

然而，戴克里先的马自有主意。正当士兵们秣兵准备大开杀

1　Diocletian（244—312），罗马帝国皇帝，结束了罗马帝国的第三世纪危机，建立了四帝共治制，并使其成为罗马帝国后期的主要政体。——译者

戒之际，这匹马跪了下来，拒绝起身。戴克里先将其视为上帝的警示，于是立即取消了大屠杀，从而拯救了亚历山大城。后来亚历山大人为这匹马立了一座雕像。[1]

维多利亚时期有一个术语，用来形容这种总是跪地不起的马：它们被认为是养成了祷告的习惯（devotional habits），因为它们看起来就像是在跪地祷告。想象一下，如果一匹马不跪地感谢造物者就走不了二十码路，那可真是令人愉快。至少是令人类感到愉快。但马不行，它们可能刚好又老又累，随时都有可能躺进废马屠宰场里。如果你迷路的时候也养成了祷告的习惯，没有人会责备你。

Falling flat on your face
扑倒在地

> To Seel，当一条船突然剧烈摇晃，一时倒向这边，一时倒向那边，波浪从两侧穿行而过的速度比船的行驶速度要快时，这条船就是在seel（颠簸）。
>
> ——《通用词源词典》，1721年

1　需要注意的是，许多扫兴的历史学家认为这个故事太美好了，所以不可能是真的。

午夜时分，当一个人突然剧烈晃动，时而倒向这边，时而倒向那边时，当他蹒跚的步速跟不上脚下道路向前延伸的速度，因筋疲力尽、饮酒过度而不能走完最后一英里时，我们就说他在颠簸（seel）。

"调皮的现实"注意到你在颠簸，于是抓住机会将你上下前后颠倒过来。你开始跟跟跄跄，在有机会喊出"I labascate！"（我开始倒下了！之前，你就已经在强烈的重力作用下（Newtonian deringolade）脸朝下扑倒在地了。

现在是humicubation时间。这是一种躺在地上的行为，常常作为一种忏悔的形式。一位17世纪的主教观察到：

> 禁食、着麻衣、抹灰、流泪、躺地上，这五件事在过去是忏悔的伴随形式。喜乐是忏悔的结果，却不是其中一部分。

现在，另外一个可能有用的词是spartle，指徒劳地挥动四肢。夜晚躺在地上时通常会伴随这个动作，尤其是当夜间生物好奇地接近你时。

Moon-cursers（月亮诅咒者）和bug hunter（昆虫学家）聚了过来。你瞥见了正在靠近的vespilone（夜间清道夫）——"他在夜间将尸体抬走埋掉，就像饥荒和疾病肆虐之时那样"，他用他的uncuses（爪子）、corpse-hooks（捡尸钩）、eternity box（永眠箱）、anna-drag（拖粪杆）将城市的垃圾运送出去。The Black Ox（黑牛）舔着你的脸。那barguest（犬形妖怪）[1]、破房子里的幽灵和Old Split-Foot（老裂足怪）[2]正一起看着你。那hirococervus（羊鹿）[3]吹响了mort（通知猎物已死的号角）。那donestres（悲叹狮）[4]在召唤你！名叫whang-doodle[5]的怪物在生命之树（Yggdrasil）[6]下悲泣。无皮的écorchés（骷髅）在雀跃！当四百只喝醉的兔子围着你跳撩人的康康舞（can-can）时，无底地狱的天使亚巴顿（Aboaddon）在打拍子。

现在可能到了学一点儿xenodocheionology，也就是关于旅馆、客栈方面的经验知识的时候了。可能会有一片sheep bed（草地），但这样一来就无法躲开sooterkins（据说是一种寄生在荷兰女人身体中的奇怪黑色生物）了。此外，还有保暖的问题。如果

1　英格兰北部民间故事中的黑犬，有巨齿和巨爪。传说它会潜伏在城市中的巷道伏击落单的行人。——译者

2　自中世纪以来，魔鬼的脚常常被描绘成分叉状，这一描述常见于文学作品中。——编者

3　传说中的生物，半羊半鹿。——译者

4　一种有着狮子头的类人怪物，它会用亲切和善的言语和亲密的交谈引诱旅人离开队伍，然后将之吞食殆尽，只留下受害者的头颅，然后捧着受害者的头哭泣悲叹，发出绝望的哀嚎。——译者

5　民间故事和儿童文学中的一种怪物。——译者

6　源自北欧神话。——译者

你足够幸运，能住在加利福尼亚，你要做的仅仅是盖一张报纸，或者California blanket[1]。那些住在较冷地方的人可以敲几户门，看看有没有人xenodochial——这是xenodocheionology的个头矮一些的亲戚，意思是"愿意收留陌生人过夜"。

那些在夜里这个时候还在挨家挨户拜访的人是circumforaneous（四处徘徊的人），不管他们是百科全书推销员、窃贼，还是只是有关于灵魂拯救的要事相告，他们都是circumforaneous。

但这是什么？是你家门上的mascaron（怪状门饰）吗？是到了自家的前门吗？

第十九章

午夜：行星世界

回来路上动静太大—尝试工作—脱衣—和配偶争论—睡着

Making too much noise upon returning—attempting to work—
undressing—arguing with spouse—falling asleep

12:00 pm

《牛津英语词典》坚持认为，beauty-sleep（美容觉）是"一定要在午夜前睡的觉"。所以，假如你到现在还醒着，那已经太晚了。注意，如果你睡觉的地方离奶牛场很近，你可能会非常惊讶地从床上坐起来，翻阅我这本不足挂齿但却非常精准的参考书，试图找到嘈杂的声音到底出自哪里。幸运的是，我可以推荐你阅读《东英格兰词汇；拟记录双胞姐妹郡诺福克与萨福克自十八世纪以来至今现存的土话，1830》（*The Vocabulary of East Anglia; An Attempt to Record the Vulgar Tongue of the Twin Sister Counties, Norfolk and Suffolk as It Existed In the Last Years of the Eighteenth Century, and Still Exists*，1830）。这是一本引人入胜的词典小书，记录了许多关于萝卜的怪病，还解释了为什么 arseling pole（火棍）和 bed faggot（床友）的含义并不是你所想象的那样。[1] 在午夜主题下，有这样一则词条：

> BULL'S-NOON（公牛的中午，出处不详）：午夜。有奶牛场的郡县居民可以由衷地为这个词语的得体性担保。他们的睡眠经常在死寂的夜里被牛群之王的吼叫声彻底打断，

1　呃，bed faggot 其实和想象得一样，它是"对同床之人的轻蔑说法"，但是 arseling pole 一词非常无辜，实际上和烘焙有关。

牛王精力充沛地起身，开始反刍，就像在中午时分一样，向前冲着，开始它的探险之旅，而当它被无法通过的围栏挡住时，便在不断发酵的暴怒与失望中咆哮起来。

所以，如果你被吵醒了，不要担心。只不过是牛王正从反刍中醒来而已。但如果从另一方面来讲，你是牛群之王，反刍之后情况将会更加糟糕，所以，你在回家的时候应该试着少制造一点儿噪音。

The nightingale floor
鹂鸣地板

假如你想刺杀京都二条城的将军——谁不是偶尔有个奇怪的念头呢？——你将马上面临好几个难题。那里有两面御墙、两条护城河，而且自1939年以来实际上已经没有将军了。然而，即便一一攻克了这些难题，你还是得想办法解决 nightingale floor（鹂鸣地板）的障碍。

德川幕府可不是好对付的角色。所以，即使你成功抵达了寝区，最终还是会发现所有的地板都经过了特殊设计，一旦踩上去就会吱吱作响，这样你就无法给睡觉的人制造"惊喜"了。实际上，吱吱作响的声音也是经过特殊设计的，使其听起来婉转悦耳，就像夜莺啼鸣一般。走廊下面有一套复杂的钉子与支架系统。你可以想象脚下是一个鸟舍，关着愤愤不平的一群鸟。实际的效果也是很相似的。这是一套聪明又古老的夜贼警报方式。虽然日语中的uguisu-bari(树莺)一词从来都没引入英语中，《牛津英语词典》中却收录了nightingale floor这个词条。另一个奇特之处在于，日本人出于刻意制作了这种地板，但在西方，我们已经不经意地制作鹂鸣地板很久了。新房子的地板大多会像好斗的金丝雀一样啼叫，门的铰链也会screak（嘎嘎作响）——这是一个很棒的拟声词，很刺耳，听起来就像scream（尖叫）和shriek（尖声）的组合。

你可能打算像一只creep-mouse（爬行的老鼠）一样surrepent（匍匐前进），但是听起来似乎更像一头吵闹的、反刍后的公牛。你最好这样做——一旦越过鹂鸣地板，就像约翰逊博士说的那样：

SOSS……马上跌入椅子。

Lamp-life

灯之生命

在蹒跚着bedwards（上床）之前，你可能还想完成几桩事情。无论如何，你可能患有clinophobic（躺倒恐惧），害怕躺到床上去。俗话说得好，你可以提前把下周的酒喝掉，尽管按照前面章节所说，我并不应该推荐这种做法。或者，你可以借此机会做点儿公事。

温斯顿·丘吉尔在作息不规律方面，可以说是大师级的人物。你可以听到许许多多的故事，讲他如何在我们大多数人还蜷缩在床上做梦的时候赢得第二次世界大战。他常常会在这个时候召开内阁会议，那些必须出席丘吉尔的midnight follies（午夜蠢话）会议的可怜人对此深有体会。他在内阁的作战室里踱来踱去，给各种人打电话，下达命令，而通常情况下，这些命令总是会被恰当地忽略。艾伦·布鲁克（Alan Brooke）是丘吉尔的参谋长，据他后来回忆，"温斯顿每天都有十个主意，其中只有一个主意是好的，而他并不知道是哪一个"。[1]

1　据丘吉尔的首席军事助理黑斯廷斯·伊斯梅估计，实际上的数字应该是每天的二十个主意中有五个好主意。

整个上午都迷迷糊糊，下午浑浑噩噩，直到晚上才找到状态，在午夜之后才彻底清醒，这样的人被称为 lychnobites（白天睡觉，晚上工作的人）。Lychnobite 来自希腊语 lychno-bios，意思大概是"像灯一样的人生"（lamp-life，词里的 bio 和生物学 biology 里的一样，指研究生命的学科）。这个词是由塞内加[1]发明的，但在18世纪早期取道进入英语中。

假如你是丘吉尔那样努力工作的 lychnobite，或是懒惰如我的 lychnobite，白天什么都没做，那现在正是 lucubrate（潜心用功）的好时候。这意味着在灯光下工作，基本上是最文明的工作形式。周围已经没有人能告诉你应该怎么工作，或者应该做多快，或者告诉你工作的时候不能一边跷着腿一边喝着威士忌。假如你能牢牢掌控你的 lucubatory（午夜工作室），那就更好了。

Lucubatory 是"一个午夜学习的场所"，是当周围的人都在睡觉的时候你能置身其中工作的地方。这样的空间非常难找，房产中介对此也鲜少提及。有的人喜欢给自己的房子修另外的偏房——比如游戏间、健身房、私人影院——但假如我有钱，我应该会增加一间 lucubatory。我非常确信这会大大提高我的工作效率，当然，午夜的钟声敲响前我是绝对不会踏足那里的。白

1　Seneca（前4—公元65），古罗马时期斯多葛学派哲学家。——译者

天的时候，可以给我一间phrontistery（冥想室）。在那里，热切的思考者可以陷入沉思与默想中，随心所欲地思考，这可是在杂物间里完全不可能实现的境地。顺便一提，笛卡尔就有一间phrontistery——他声称自己坐在一个火炉里完成了最棒的思考。当然，火炉没有生火，不然会有点儿不舒服。但这或许就是最理想的冥想室：白天用作火炉，晚上把余烬都耙出来，这块乌漆麻黑的孤寂之地就很适合深思冥想了。

约翰逊博士不会在深夜工作，所以他把lucubatory称为candle wasters（浪费蜡烛者），这么说太严苛了。但他也可能是对的，确实是时候couch a hogs head（躺在猪头上）、hit the hay（倒在干草堆）以及head up the weary wooden hill to Bedfordshire（翻过累人的木头山到达床郡）了[1]。

Disrobing

脱衣服

Apodysophilia是一种"想脱衣服的狂热欲望"。它通常被用

---

1 这三个表述都是"睡上一觉"的意思。——编者

在犯罪心理学领域，形容某些在不宜场合下脱衣服而惹上麻烦的人。能够合理地满足一次脱衣欲的唯一地点是罗马澡堂或你自己卧室里的apodyterium（更衣室）。

这样一来，你就可以尽情与ecdysiast（脱衣女郎）嬉闹了——ecdysiast是美国讽刺作家H. L.门肯发明的对脱衣舞女的学究式称呼。他收到一位名叫乔治亚·萨瑟恩的女士的来信，后者是20世纪40年代著名的脱衣舞女郎，而她不喜欢自己被称为脱衣舞女（stripper）。她在信中写道：

> 脱衣舞表演（strip-tease）是在公共场所正式、有韵律地disrobe（脱去衣服）。近些年来，针对我的职业有很多无知的批评。其中大多数没有根据，只是因为受了脱衣舞一词那不幸的字面意思"剥去—取悦"（strip-tease）影响，让这个词在大众的意识里造成误解。我相信如果能够创造出一个更愉悦的新词来描述这种艺术，反对之声就会消失，我和我的同事们会过得更加轻松。

作为一位完美的绅士，H. L. 门肯挑起了这份重任，他最后这样回信：

毫无疑问，我对你的痛苦深表同情，希望自己能够帮助你。不幸的是，没有一个有说服力的新名字能真的让人想到这份职业。从某些方面而言，把脱衣舞表演和动物学中的换毛（molting）现象相联系或许是个好主意。所以我联想到了moltician这个词，但这当然不可取，因为太像mortician（殡葬业者）了。不过可以借用换毛的科学术语ecdysis，这样就有ecdysist与ecdysiast两个词可用了。

实际上采用的是ecdysiast，这个词语马上被她的宣传人员投入使用，进入了《牛津英语词典》，甚至还产生了ecdysiasm一词，即"脱衣舞表演活动或职业"。

你快要跳上床了吧。在此之前，你必须先把鞋子脱下来（脱衣舞女常常忽略这个细节），术语叫作discalcing。

最后，至关重要的一点，检查一下有没有snudges。

Snudge，大概就是潜伏在床底下，伺机把房子抢劫一空的人。（1699）

所以，跪在地上好好看一眼吧。床底下应该什么也没有，除了……

BEGGAR'S VELVET（出处不详）：羽毛褥垫上掉落的微尘。懒惰的女仆会任由灰尘堆积，直到地板上的积尘已到了需要彻底大扫除的程度，女仆会因此遭到女主人的一顿责骂。

那么，这时候可以上床睡觉了——还有，说到责骂，现在你有了被责骂的危险。

Domestic dragons
驯　龙

在序言里我就提及，我一直不太确定你是否已婚。直到几章前我都在担心最坏的情况发生，但现在不妨放松一下，用不堪推敲的想法，随意地揣测臆想一番吧：你拥有一位极品配偶。如果是这样的话，我实在不明白你为什么这么晚还没睡。而且你的配偶也没睡。

这种情境下的词是dragonism。龙除了羽翼和口臭，还有从来不睡觉的特质。它总是高度警惕，守护着财宝和美丽的女郎。所以dragonism指的是总是保持清醒状态准备作战的习惯。好的，接下来是演讲时间：

Curtain Lecture（床帘讲演），女人在床上斥责自己的丈夫，这被称为是给丈夫做床帘讲演。

之所以这么说，是因为你睡在一张四柱大床上，只有当床帘都放下来的时候，你的伴侣——无论男方还是女方——才会坦陈你的过失之处。床帘能防止声音传远，同时也保护你免于 gymnologising（裸体争论），古希腊人经常那么做。

古希腊人都是辩论大师，他们花了许多时间归纳出让自己看起来更好而对手更差的方法，并将其称为修辞。准确地讲，修辞一共有一百万零一种，其中有两种形式——就家庭内部的争斗而言——常见到令人吃惊，几乎具有普世之势。

Paralipsis（假省法）是提起你不打算提起的事、说出你不打算说出的话的做法。这听起来很奇怪，像是荒谬的悖论，但请体会下列情境：

我不想谈你怎么迟到了，并且迟到了半小时。我也不想提你如何在珀西的葬礼上丢人现眼。我更不想说你过于痴迷白鼬。我想说的是……

明白怎么回事了吧？你明明没说，但其实说了。现在你明白

295

假省法是什么了——我非常确定你使用过，别人也在你身上用到过。在家庭争吵中,这是最常用的修辞手段。任何以"我就不说"起始的句子都是假省手法。不用说，这当然是非常聪明的技巧，因为你无须考虑对方的应答就能连连得分。

Epitrope（反允法）指一种明里认可，但暗里讽刺的手法，通常要列出所有伴随而来的不利因素。请体会一下：

> 去吧。不用管我。真不用。就在外面待晚点儿。把你的肝整垮。我不会介意你早点儿进坟墓，而我面临破产，一个人带十七个孩子和一条木腿。我为什么要介意这些？你就去做你想做的好了。

不陌生吧？反允法的唯一好处是，通常它意味着床帘讲演的尾声。假如不是的话，你可能就要fugacious（离家出走）了。

幸运的话，你听到的床帘讲演会比较subderiserous（含蓄，半嘲讽的）。假如足够幸运，你可能还会感受到一种叫levament的感觉，约翰逊博士将其定义为"从妻子处得到的慰藉感"。

Lying down to sleep
躺下睡觉

> Night-spel，指的是预防噩梦的祷告。（1674）

最后，你的Scotch warming pan（苏格兰暖床锅）[1]停止了对你的斥责（注意，假如你称你的伴侣为Scotch warming pan，你会再次被骂）。是时候把灯熄灭，并如拦路强盗所说的，开始dowse the glims（探索微光）了。拦路强盗基本上从来都不会说寻常的英语、问候晚安的话，他们会说bene darkmans，发音为BEN-ay，源自拉丁语的祝福一词。所以如果有人和你一起，可以这样问候他们晚安。

把自己包裹进panes（床罩）和counterpanes（床单）里。一部18世纪方言词典将healing（治愈）定义为"覆盖着床单"，确实经常会有这样的感觉。把你自己包在百合花般洁白的被子里进行疗愈，念一段晚间的咒语使自己免受噩梦之扰，假如你愿意，还可以举办一场couchée（卧榻会议），你躺在床上，所有朝臣

1　一种古代的床上取暖用具。英式笑话里，有将女佣戏称为Scotch warming pan的说法。——编者

都来向你致敬。

当最后一位朝臣离开，只剩你一个人在dreamery（甜梦乡）沉寂，你就可以开始consopiation（入睡）了。Sandman（睡魔）、Morpheus（梦神）、Billy Winks（比利·温克斯）等睡神都会前来。很快，一位18世纪诺福克郡的农民出现，说你dream drumbles，实际上他是在用他的方式告诉你，你正处于半睡半醒之间。

好的，你已半入梦乡，这时候会有一种小小的痉挛，叫作myoclonic jerk（肌抽跃），听起来像是一种牙买加辣酱，但其实只是你的身体随着梦境而抽动。然后你就睡着了，再没有什么东西活动了，除了只有在约翰逊博士的词典里才能发现的奇怪的"夜间精灵"——Ponk。

尾　声

　　我想，就这么多了。大功告成。回家的农夫掉进了西湾，完事。我产生了一种 finifugal（惜别）之感，不得不对我的词典们说再见了。

　　再说也差不多到了大英图书馆闭馆的时间了。按我的手表计，只剩七分钟了。珍本室里只剩两人，我觉得另外那个家伙说不定已经死了：至少在过去的二十分钟里他一动没动。闭馆之后，我得上交所有的词典，它们要回地窖里继续睡觉了。

　　每一本词典里都包含了一个世界。我打开了一本安妮女王统治时期的盗贼俚语词典，里面有上百种关于刀、少妇、绞刑的词汇。它们并没有死，只是在 danced on nothing（在空无中跳舞，是被绞死的含蓄说法）。然后我看了一眼维多利亚时期关于乡村的一本词典，它由一位孤独的牧师编辑，里面充满了各种灌木林、小巷、马得的病的词语，还有无数种鳗鱼的说法。他们为自己生活中的事物命名，他们的生活也被这些词典所收藏——包括了种种细节、笑话、信仰。我的桌子上就堆着他们的世界。

拦路盗贼都被绞死了，当然那些农民也都被埋在了他们的土地之下，那些称北海为Juice（果汁）、大西洋为Pond（池塘）、英吉利海峡为Drink（饮料）的英国皇家空军飞行员也都躺在了海底。

承载着这些的世界都已经离开、死去、在空无之中跳舞（dancing on nothing）。它们不会回来了，但它们就在这些书里，而我必须得把书还给桌旁的女士了。不能在词典上花费太久的时间，不然我最终的结局会像罗得的心上人那样，立在柱头（salsicolumnified），望着逝去的蛾摩拉城。

得！图书管理员正在dowsing the glims（探索微光），连那位死了的家伙也起身准备离开了。我得去还词典了。Bene darkmans（晚安），睡意昏昏的读者，祝你们晚安。

附录：酒徒的词典

以下是本杰明·富兰克林用于描述醉酒的全部词语：

He's addled, in his airs, affected, casting up his accounts, biggy, bewitched, black and black, bowzed, boozy, been at Barbadoes, been watering the brook, drunk as a wheelbarrow, bothered, burdocked, bosky, busky, buzzy, has sold a march in the brewer, has a head full of bees, has been in the bibing plot, has drunk more than he has bled, is bungy, has been playing beggar-myneighbour, drunk as a beggar, sees the beams, has kissed black Betty, has had a thump over the head with Samson's jaw-bone, has been at war with his brains, is bridgy, has been catching the cat, is cogniaid, capable, cramped, cherubimical, cherry merry, wamble croft, cracked, half way to Concord, canonized, has taken a chirping glass, got corns in his head, got a cup too much, coguay, cupsy, has heated his copper, is in crocus, catched, cuts capers, has been in the cellar, been in the sun, is in his cups, above the clouds, is non compos, cocked, curved, cut, chippered, chickenny, has loaded his cart, been too free with the creature. Sir Richard has taken off his considering cap, he's chopfallen, candid, disguised, got a dish, has killed a dog, has taken his drops. 'Tis a dark day with him. He's a dead man, has dipped his bill, sees double, is disfigured, has seen the devil, is prince Eugene, has entered, buttered both eyes, is cock-eyed, has got the pole evil, has got a brass eye, has made an example, has ate a toad and a half for breakfast, is in his element, is fishy, foxed, fuddled, soon fuddled, frozen, will have frogs for supper, is well in front, is getting forward in the world, owes no man money, fears no man, is crump fooled, has been to France, is flushed, has frozen his mouth, is fettered, has been to a funeral, has his flag out, is fuzzled, has spoken with his friend, been at an Indian feast, is glad, grabable, great-headed, glazed, generous, has boozed the gage, is as dizzy as a goose, has been before George, got the gout, got a kick in the guts, been at Geneva, is globular, has got

the glanders, is on the go, a gone man, has been to see Robin
Goodfellow, is half and half, half seas over, hardy, top heavy, has
got by the head, makes head way, is hiddey, has got on his little
hat, is hammerish, loose in the hilt, knows not the way home,
is haunted by evil spirits, has taken Hippocrates'grand Elixir, is
intoxicated, jolly, jagged, jambled, jocular, juicy, going to Jericho,
an indirect man, going to Jamaica, going to Jerusalem, is a king,
clips the King's English, has seen the French king. The King is his
cousin, has got kibed heels, has got knapt, his kettle's hot. He'll
soon keel upward, he's in his liquor, lordly, light, lappy, limber,
lopsided, makes indentures with his legs, is well to live, sees
two moons, is merry, middling, muddled, moon-eyed, maudlin,
mountainous, muddy, mellow, has seen a flock of moons, has
raised his monuments, has eaten cacao nuts, is nimtopsical, has
got the night mare, has been nonsuited, is super nonsensical, in
a state of nature, nonplussed, oiled, has ate opium, has smelt an
onion, is an oxycrocum, is overset, overcome, out of sorts, on the
paymaster's books, drank his last halfpenny, is as good conditioned
as a puppy, is pigeon eyed, pungy, priddy, pushing on, has salt
in his headban, has been among the Philistines, is in prosperity,

is friends with Philip, contending with Pharaoh, has painted his nose, wasted his punch, learned politeness, eat the puddingbag, eat too much pumpkin, is full of piety, is rocky, raddled, rich, religious, ragged, raised, has lost his rudder, has been too far with Sir Richard, is like a rat in trouble, is stitched, seafaring, in the suds, strong, as drunk as David's sow, swamped, his skin is full, steady, stiff, burnt his shoulder, has got out his topgallant sails, seen the dog-star, is stiff as a ringbolt. The shoe pinches him. He's staggerish. It is star light with him. He carries too much sail, will soon out studding sails, is stewed, stubbed, soaked, soft, has made too free with Sir John Strawberry, right before the wind, all sails out, has pawned his senses, plays parrot, has made shift of his shirt, shines like a blanket, has been paying for a sign, is toped, tongue-tied, tanned, tipsicum grave, double tongued, tospey turvey, tipsy, thawed, trammulled, transported, has swallowed a tavern token, makes Virginia fame, has got the Indian vapours, is pot valiant, in love with varany, wise, has a wet soul, has been to the salt water, in search of eye water, is in the way to be weaned, out of the way, water soaked, wise or otherwise, can walk the line. The wind is west with him. He carries the wagon.

词典与方言词典

（Idioticon，即某一方言或某地区语言的词典）

Abedecarium Anglico-Latinum, Richard Huloet（1552）

Worlde of Wordes, John Florio（1598）

A Table Alphabeticall, conteyning the true writing and understanding of hard usual English wordes, borrowed from the Hebrew, Greeke, Latine, or French. &c., Robert Cawdrey（1604）

A New Dictionary of the Terms Ancient and Modern of the Canting Crew, B. E. Gent.（1699）

Glossographia Anglicana nova: or, a dictionary, interpreting such hard words of whatever language, as are at present used in the English tongue, with their etymologies, definitions, &c., Thomas Blount（1656）

An Universal Etymological Dictionary, Nathan Bailey（1721）

Dictionary of the English Language, Samuel Johnson（1755）

Sports and Pastimes of the People of England, Joseph Strutt（1801）, enlarged by Charles Cox（1903）

An Etymological Dictionary of the Scottish Language, Reverend John Jamieson（1808）

A Classical Dictionary of the Vulgar Tongue, Francis Grose etc.（1811）. Grose死于 1791 年，但他的词典在他死后几十年内得以继续增扩（偶尔也会缩减）。我使用的是我认为最有趣的一个版本。

The Vocabulary of East Anglia; An Attempt to Record the Vulgar Tongue of the Twin Sister Counties, Norfolk and Suffolk as It Existed In the Last Years of the Eighteenth Century, and Still Exists, Reverend Robert Forby（1830）

Westmoreland and Cumberland dialects: Dialogues, poems, songs, and ballads, John Russell Smith（1839）

A Pentaglot Dictionary of the Terms Employed in Anatomy, Physiology, Pathology, Practical Medicine, Surgery, Obstetrics, Medical Jurisprudence, Materia Medica, Pharmacy, Medical Zoology, Botany and Chemistry, Shirley Palmer（1845）

Dictionary of Obsolete and Provincial English, Thomas

Wright (1857)

A Dictionary of Modern, Slang, Cant, and Vulgar Words Used at the Present Day in the Streets of London, John Camden Hotten (1860)

The Dialect of Leeds and its Neighbourhood Illustrated by Conversations and Tales of Common Life etc., C. Clough Robinson (1862)

A Dictionary of the Terms Used in Medicine and the Collateral Sciences, Richard D. Hoblyn (1865)

A glossary of words used in the wapentakes of Manley and Corringham, Lincolnshire, Edward Peacock (1877)

Shropshire word-book, a glossary of archaic and provincial words, &c., used in the county, Georgina Jackson (1879)

Slang and its Analogues, John Stephen Farmer (1893)

English Dialect Dictionary, Joseph Wright (1898–1905)

A Scots Dialect Dictionary, Alexander Warrack (1911)

Western Canadian dictionary and phrase-book: things a newcomer wants to know, John Sandilands (1912)

Cab Calloway's Hepsters Dictionary: Language of Jive, Cabell Calloway (1938–44)

Psychiatric Dictionary with Encyclopaedic Treatment of Modern Terms, Leland Earl Hinsie（1940）

Service Slang, J. L. Hunt and A.G. Pringle, Faber（1943）

Dictionary of Guided Missiles and Space Flight, Grayson Merrill（1959）

A Descriptive Dictionary and Atlas of Sexology, ed. Robert T. Francoeur, Greenwood（1991）. [注] 这本书中的确含有地图，尽管 "地图集"（atlas）这个词或许有些夸大其词。

Straight from the Fridge, Dad: A Dictionary of Hipster Slang（3rd edition）, No Exit Press（2004）

Fubar: Soldier Slang of World War II, Gordon L. Rottman, Osprey（2007）

Chambers Slang Dictionary, Jonathon Green（2008）

The Oxford English Dictionary, OUP（2012）

但是，还有一些词语没有收录在以上这些词典中：

Dysania 作为医学术语使用（例如，*Myalgic Encephalomyelitis: A Baffling Syndrome with a Tragic Aftermath*, Ramsay, 1989），同时也在1958年的一种名叫 Reversicon 的医学拼字游戏中出现过。但我从来没有在词典中发现过这个词。

Groke是一个苏格兰方言词语，曾在*History of the European Languages or, Researches into the Affilities of the Teutonic, Greek, Celtic, Sclavonic and Indian Nations*（1823）中出现。作者Alexander Murray系爱丁堡大学的东方语言教授，他专门用这个词来形容狗。

Nooningscaup出现在John Henry Brady所著的*Clavis Calendaria*（1812）中，作者提到，这是当代约克郡的一个词。

Gongoozler出自Henry Rodolph de Salis所著的*Canals and Navigable Rivers of England and Wales*（1918）后面的"水道词汇表"。

The keys to the indoor tank park来自我在英国陆军内部的密探。

我是从女王陛下的特别顾问那里得知**gabos**这个词的，在他们的场合中，这个词经常使用。从那时起，我在网络上也找到了许多该词的用法，有一份文件中把这个词确认为迈阿密的刑事用语。就我所知，该词还从未进入任何出版的词典中，尚未在除了迈阿密超级监狱设施和威斯敏斯特宫以外的地方使用过。

描述杯子的词语都选自*Tea-Cup Reading and the Art of Fortune Telling by Tea-Leaves*，作者是"A Highland Seer"，The Musson Book Co., Toronto（1920）。

Shturmovshchina是一个俄语词，从来没有在英语词典中出现过。但是，这实在是一个讨人喜欢的词，不应该被排除。

Cinqasept 的定义来自 *The Oxford Essential Dictionary of Foreign Terms in English*，Jennifer Speake 编，Berkley Books（1999）。我自己特别喜欢这个把"在下午与情人约会"定义为"必要"的想法。

关于购物的一些词语没有出现在词典中。而这些词语收集自英国零售业工作者。

短语 drunk as four hundred rabbits 见于 William Weber Johnson 所著的 *México*（1966）。它肯定来源于阿兹特克神话中最广为人知的部分——四百兔神。

Smikker 的定义来自 *A Chronicle of Scottish Poetry; From the Thirteenth Century to the Union of the Crowns: to which is added a Glossary*，J. Sibbald（1802）。

除了 salsicolumnified 这个词，我头脑一热还发明了一个词。但除非你一字不落地把每个词都在所有以上列出的词典里查过一遍，不然你永远找不到它。假如你真的把这本书里所有的词都在词典中查过，我无所致敬，除了我的同情与诅咒。

---

*在此向作者表达钦佩之情（感谢他为我们奉上了这样一部笑点和知识点一样丰富的优秀作品），同时，也向读者表示歉意：译者与编者尽可能地处理了在翻译与编校过程中遇到的难点和疑惑，如有纰漏，实属我们知识储备不足，没能传达出原书的精妙之处，望读者朋友们指正。